つれづれリメイク日和 著

古きよき服が
よみがえる
お繕《つくろ》いの暮らし

はじめに

形は古いけれど、軽くて暖かくて、色も素敵なニット。
サイズアウトして着られなくなってしまった、お気に入りの服。
娘が学生時代に着ていた、制服のニットベスト。
夫がはきつぶした、色あせたデニム。

どこか懐かしくて、胸がきゅっとなる、そんな素敵な服たち。
着られなくなった服をどうにかしてよみがえらせたくて、
いろんな“お繕《つくろ》い”をしながら作品を作ってきました。

ニットのほつれや、汚れたところはダーニングで補強。
サイズが合わなければ、別のニットを継ぎ足して。
セーターをバッグにしたり、デニムパンツをエプロンにしたり、
まったく別のアイテムに変えていくのも楽しいもの。

そんな私のハンドメイドは、慣れてしまえばとても簡単。
家事の合間にミシンを出すのも面倒だから、ザクザク切って、
手ぬいで仕上げることも多いのです。

あなたのだいじなものを、最後まで大切に使い切るために。
“お繕い”の楽しみを味わっていただけたら嬉しいです。

Contents

Part 1 まずはやってみよう！ ニットをリメイク

Part 2 ニットでリメイクいろいろ

Part3

いろいろなお繕い

Part4

いろいろなリメイク

服に新しい命を与える〝お繕い〟の楽しみ

着られなくなっていたものが、まったく新しい命を与えられて、別の場所で活躍する。私のような〝お繕い〟好きにはたまらない楽しみです。

もともと、古きよきものが好きでした。昔のものは素材が良い上に、さらに時間を重ねるほどに深みを増し、傷でさえ味わい深くなります。素材の存在感があるので、余計なものをつけなくても十分素敵。着られなくなったからとただ捨てるのでは、「もったいない」という思いが強いです。

だから何とかこの古いものを捨てずに活かしたい、そのためにはどうしたらいいか……と毎回頭をひねります。

まわりを見渡せば、センスよく素敵なものは溢れていて、今の時代、簡単に手に入れることができます。もちろんそれも嬉しくはありますが、それ以上に、捨てられる運命のものを、自分の手でよみがえらせたときの喜びは比べようがないほど大きいです。使い切ったらまた別のものに変えて、また使い切って別のものに変えて、最後は小さな布の切れ端みたいになって土に返す、というふうにできたら最高です。ものの命を使い切りたいのです。

ニットはザクザク切って ぬいつける

セーターをあれこれリメイクするようになったのは、母の古着が山のようにわが家にやってきたのがきっかけです。母は長年住んだ家を離れ高齢者施設に入ることとなり、荷物を整理する必要に迫られました。50年分くらいの衣類が残っていて、さすがに母も断捨離を頑張りましたが、それでも素材のよいセーターは手放せず、とりあえずわが家にやってきました。そんなセーターを母の了解を得て少しずつリメイクし始めました。

本当はちゃんとほどいて新たに編み直すのが昔ながらの丁寧なリメイクだと思います。でもそんなことをしていたら、いつまでたってもこの大量の荷物は片付かない。それで普通の布のように切ったりぬったりする簡単なリメイクから始めました。

セーターをハサミで切るということに最初は少なからず抵抗がありました。少し葛藤しながらのセーターのリメイクでしたが、セーターという素材は布として見てみると今まで知っていた布とはかなり違って面白い！ あれもできるこれもできると、自分の中でどんどん可能性が広がっていきました。これが思いのほか可愛くて簡単で楽しくて、今に続いています。

使わなくなったものはどうすれば使えるか考える

この服を直そうと決めたら、絶対捨てない、何としてでも何とかすると結構強い気持ちで考えます。
2、3日はそれを手に持ってずっと考えます。アイデアはなかなか思い浮かばないことも多くて、そんな時は一旦手放します。それで他のことをし始めて、そうしたらそっちに夢中になって前のことは忘れていたりする。
でも忘れているようで頭のどこか片隅にちゃんとあって、あるとき突然、「これと合わせたら素敵！」とか、「あれ作ろう！」とか思い出すことがよくあります。

いつもの服を逆さにしたり、斜めにしたり伸ばしたり他のものと組み合わせたり、いろいろしていると違った顔が見えてきます。服を服と見ないで、袖を袖と見ないで、縦にしたら横にしたら、開いたら、前を切ったら、この部分を活かせないか……リメイクは頭をやわらかくする体操みたいです。

完成像はあるようでなくて、手を動かしながら次が見えてきたりします。とにかく自分の中で「いいな」というのが見えてくるまで、あれこれこねくり回しています。

シミ、穴、すりきれ…縫うことが個性になる

自分でやったお繕いってすごく愛着があります。たとえうまくなかったとしても、値段なんてつけられないくらい価値があって、もう捨てられない。

私はデザインの勉強もしたことがないし、特別センスがいいわけじゃない。だから「よーし」と素敵なデザインを考えようとすると手がとまってしまいます。何もないところにデザインするのは難しいです。

でも汚れや破れがあると、それを夢中で直していくうちに勝手にデザインされていく。そして全体を見ながら少しだけ手を加える。お繕いに少し自分の好きを入れるくらいが、私にはちょうどやりやすいです。

だからセンスに自信ないけど素敵なものを作りたいって人ほどお繕いを楽しむといいと思います。汚れや穴を繕うほどに、予期せぬ模様になって可愛くオシャレになっていきます。世界に一つのオリジナルが勝手に生まれます。

繕ったところは目立ってもOK。めちゃめちゃ可愛くなります。思いもよらない模様が表れる楽しみを味わってみてください。

Part 1

まずはやってみよう！ ニットをリメイク

着古したセーターでも、模様が好き、色が好きなど思い入れがあって、なかなか捨てられないものってありますよね。そんな好きなところを活かすように、リメイクしてみましょう。実際に作ってみたベストで作り方を解説します。また、セーターの端切れを使った楽しい小物作りもご紹介。

How to make p.18

ノースリーブチュニック

柄と無地のツーブロックになったチュニック。
お尻まで隠れる丈にしたので暖かく着られます。
手ぬいでやわらかく仕上げました。

昔のニットをざっくり切って足したり引いたり

総柄の編み込みニットを中心に、色の合うニットを組み合わせて作ります。右のベストは、なんと娘の高校の制服。そのままではもう絶対に着ることはありませんが、薄くてやわらかく、リメイクにも使いやすい素材なので、チュニックの丈を出すのに使います。裾はもともとのニットのリブ編み部分をくっつけましたが、色味が合えばもとのセーターのままで大丈夫です。また、ハイネックが少し使いにくいと感じたので、襟の高さも調節します。

左の濃紺のニットは、肘から先の袖部分を総柄のニットに付け替えて、まったく違う印象に。44ページで紹介しています。

How to make

ノースリーブチュニック

【材料】
セーターA
セーターB
伸縮性接着芯

1. セーターの袖をほどく

① まずは編み込みのセーターAから必要な部分を取り分ける。

② 袖ぐりのぬい合わせてある糸を切ってほどき、袖をはずす。セーターを切らないように注意。

2. 使う部分をはさみで切る

① 裾のゴム編みの少し上をはさみで切る。

② この作品で使う部分の他、P44の作品で使う部分も考えてカットする。

3. 組み合わせるセーターをカットする

① 裾に足すセーターBは、このベストを使うことに。

② 使う部分ごとに切り離す。

4. 切ったパーツをぬい合わせる

① 作る作品のイメージに合わせ、配置してみる。

② 身頃下に足す部分を中表にして重ねてまち針でとめる。

③　ぬい代1cmで、返しぬいでぬい合わせる。

④　ほつれ防止のため、端を巻きかがりする。ぬい代を倒して、返しぬいでとめておくと仕上がりがきれい(27ページ参照)。

⑤　裾のゴム編み部分も同様に中表に重ねてまち針でとめる。

⑥　ぬい代1cmで返しぬいでぬい合わせた後、ほつれ防止のため、巻きかがりする。こちらもぬい代の始末をしておくと仕上がりがきれい(27ページ参照)。

② 三つ折りしてまち針でとめ、まつりぬいする。セーターを薄くすくうと、ぬい目が表に出ないできれい。

② 表にぬい目が出ないように、ぬい代を拾ってまつりぬい。

5. 袖口を始末する

① 袖口に伸縮性の接着芯を貼る。

6. 襟を始末する

① 襟は切ると始末が大変なので、高さを調整して内側へ折り、まち針でとめる。

How to make p.24

端切れニットのコースター

小さなニットを使ってコースターに。
変な形や大きさが足りないものがあっても、
何枚か組み合わせて個性的なデザインに。

残ったニットの端切れで小さいものを作る

作品を作っていると、どうしてもニットの余りが出てしまいます。そんなときは、できるだけ工夫して小物を作ることに。

たとえば、ニットの袖を外してベストを作ったら、その袖を使ってバッグを作る（42ページ参照）。1枚1枚は小さくてもパッチワークにしたり（58ページ参照）、ぬいぐるみやコースターなどの小さいものならほんの少しの端切れでできます。

こちらのコースターは、さらに小さくなったニットを組み合わせて制作。ぬい方を覚えるにもちょうどいいので、練習感覚で作ってみましょう。

How to make

端切れニットのコースター

【材料】
セーター端切れ

1.

セーターの端切れなどから、表布A、表布Bと裏布をカットする。

2.

表布Bに表布Aを重ねてぬい合わせる。ぬい方は自由にどうぞ。

3.

表布と裏布の出来上がり。

4.

表布と裏布を外表で合わせてまち針でとめる。

5.

はみ出した部分はカットする。

6.

表布、裏布の大きさをきちんと合わせる。

7.

まわりをブランケットステッチでかがる。角は斜めに角へ向かって刺し、三角に刺す。

8.

表布、裏布をかがり終わったところ。

セーターのリメイク　基本のテクニック

セーターのほどき方

袖や脇などは、チェーンステッチでつないであることが多いです。

チェーンステッチをほどけば、端がほどけてこないので扱いやすいですし、セーターの端までめいっぱい使えます。ほどけにくいときや面倒なときは、ハサミで切って使います。

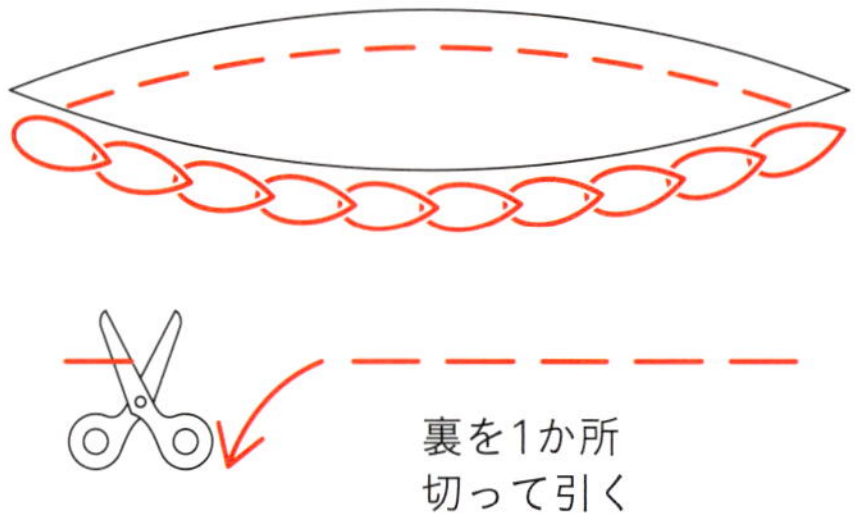

◎チェーンステッチのほどき方

裏を1か所切って、矢印の方向に糸を引くとほどけます。毛糸と毛糸がからんでほどけにくい場合もあります。なるべく毛糸を切らないように注意しましょう。

セーターの切り方

編み目の細かいセーターは、そのまま切っても大丈夫です。ただし、切ったところは、なるべくひっぱったり、さわったりしないように。

編み目の大きいセーターは、そのまま切るとほどけやすいので、切る前に切り線の両側をぬっておきます。

ミシンで1cmほど間をあけて2本ぬいます。ミシンがなければ手ぬいで返しぬいします。

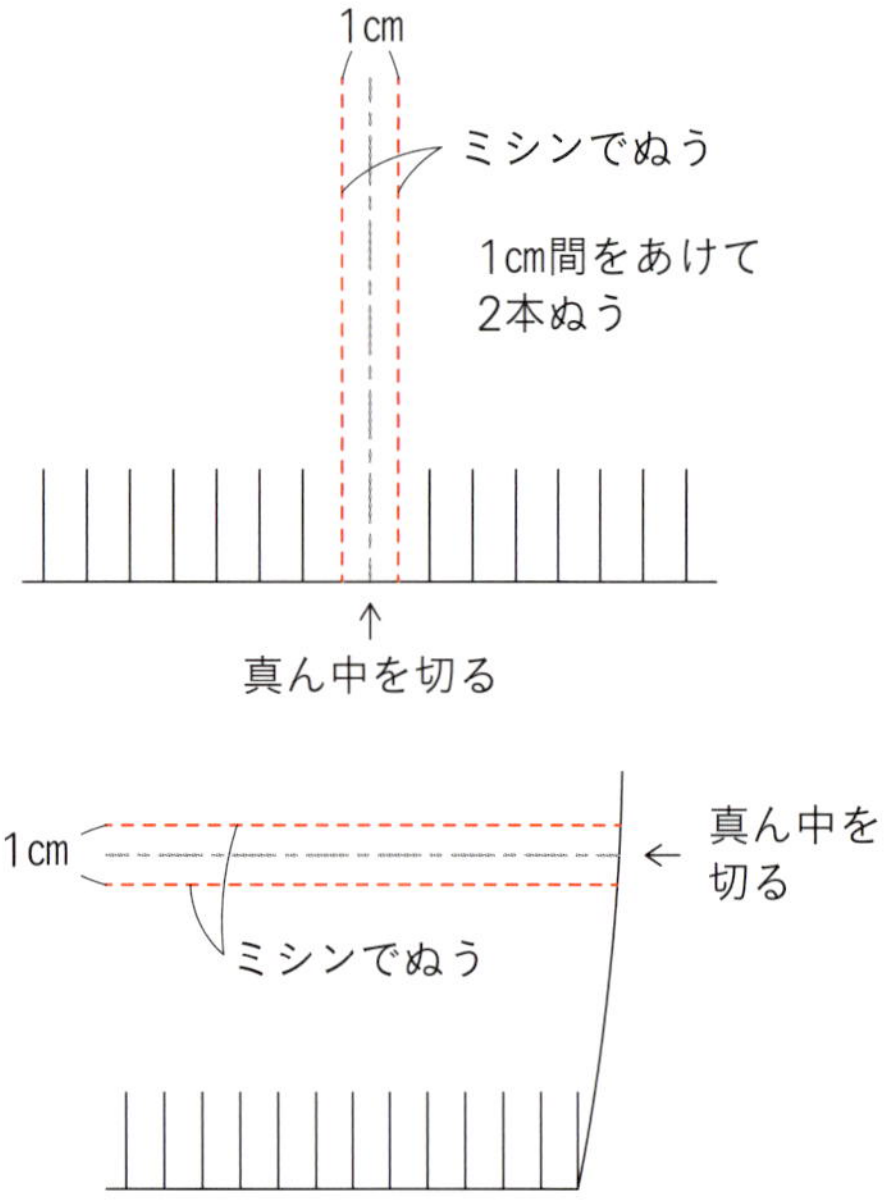

セーターのぬい方（手ぬい）

基本的に、手ぬいの返しぬい（または、半返しぬい）でぬいます。返しぬいは、丈夫で伸縮性があります。

◎ブランケットステッチで端の始末

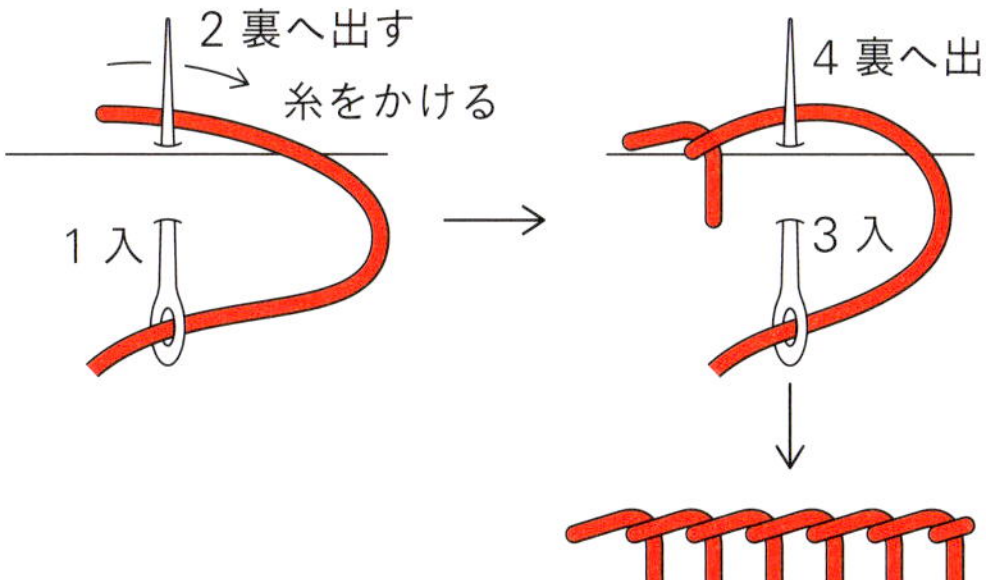

端が表に出て目立つ場合は細かく、1目に1つずつブランケットステッチ。

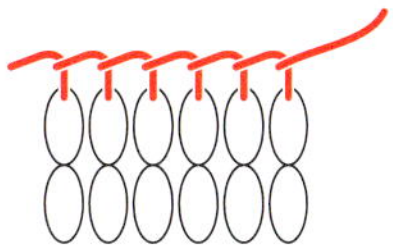

◎本返しぬい

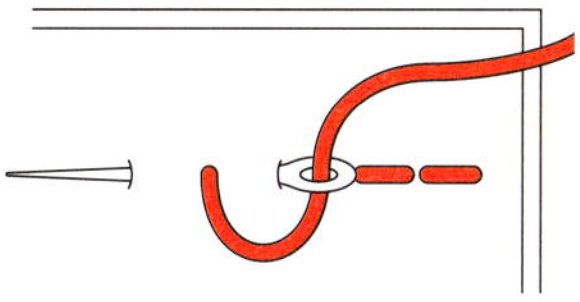

◎半返しぬい

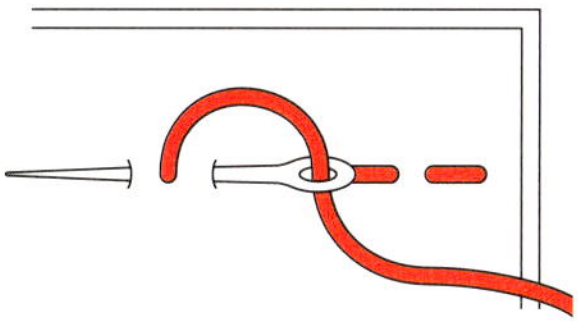

◎巻きかがりで端の始末

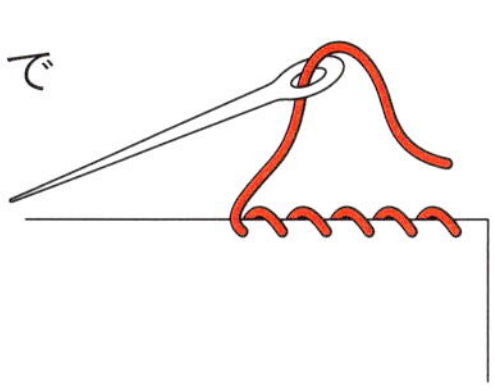

◎まつりぬい

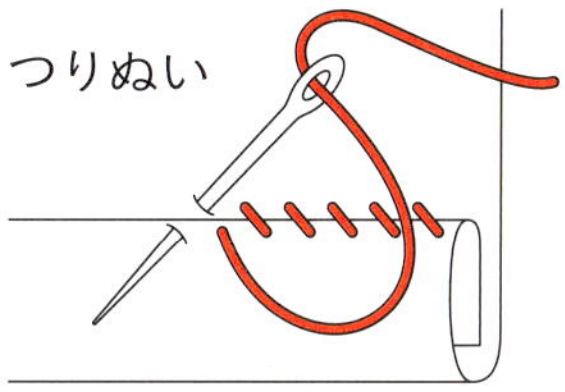

セーターのぬい方（ミシン）

ミシンでぬうときは、ニット用ミシン糸を使ってジグザグぬいをします。押さえはゆるく。

そのときも端の始末は手ぬいのほうがいいです。ジグザグミシンをかけるとニットが固くなります。ロックミシンはOKです。ニットは伸びるので、ミシンでぬうとずれたり、波打ったりして失敗することがあります。失敗するとほどくのが大変なので、私はほとんど手ぬいでぬっています。時間はかかりますが、失敗がありません。

◎ぬい合わせた後の始末

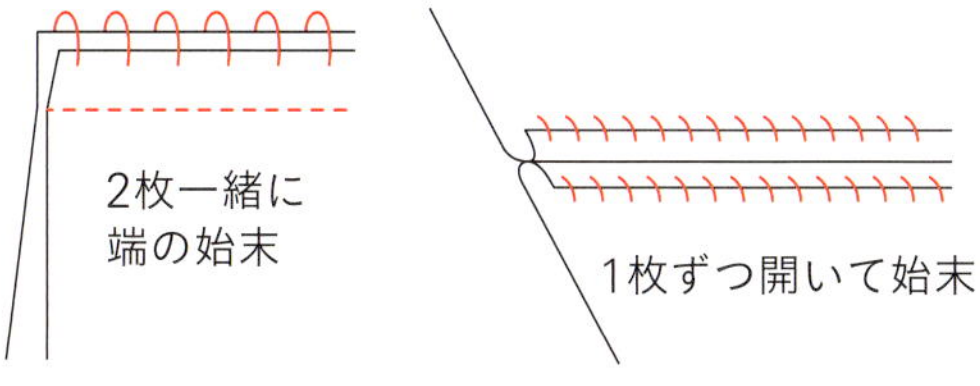

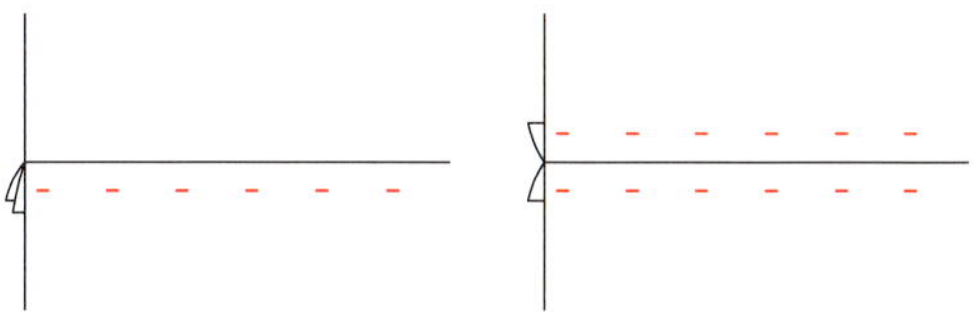

並ぬい

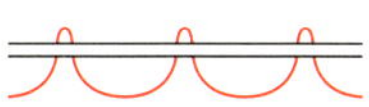

半返しぬい

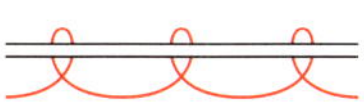

表になるべく目立たないように並ぬいか、半返しぬいでぬい代をとめておくと仕上がりがきれいです。
裏布をつける場合は、端の始末は必要ありません。

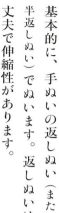

ダメージあり

そのままでは着ない服やセーター

・形が古くなってしまった
・着なくなってしまった
・サイズが合わない
・服が増えすぎた
・着心地が悪い
・汚れがひどい
・傷みがひどい

ダメージなし

使える人へ

・リサイクルショップ
・フリーマーケット
・寄付など

Column

古着のリユース、リメイクの順番

ファッションは楽しいものですが、その作られ方や消費のされ方で、環境に与える負荷が問題視されています。そうでなくても、貴重な資源から作られた服です。大切に扱うという気持ちを忘れたくありません。

とはいえ、サイズアウトなどの理由で着られない服はどうしても出てきます。そんなときは傷や汚れのあるなしを調べて、もしきれいなら、できればそのままリユースできないか考えます。今はフリマアプリや寄付など、いろいろなやり方があります。せっかく作られたお洋服、使ってくれる人がいるならお譲りしたいものです。

傷があるものは補修をします。装飾ダーニングのように、どんどん素敵になる補修を楽しんでみてください。それでも着られないものは、プチリメイク、大きなリメイク、小物作りと、いろいろなリメイクを試してみるといいでしょう。

ただ、リメイクはまったく同じ素材というのはまず揃いません。着る人のサイズも違いますから、あくまでこの本は、アイデアの参考として使っていただけたらと思います。

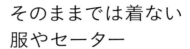

思い切ったリメイク

・他の服と組み合わせる
・パッチワークする
・分解してリメイク

部分的にリメイク

・袖の長さを出す
・脇に足して幅を出す
・前開きにする

小物作り

・クッションカバー
・ルームシューズ
・バッグ

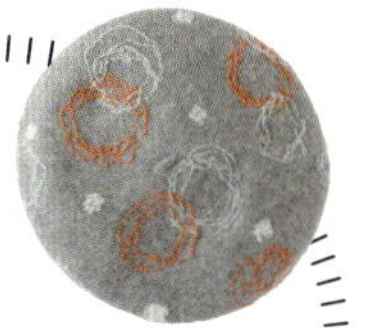

お繕い

・穴をふさぐ
・ダーニングする
・つぎあてをする

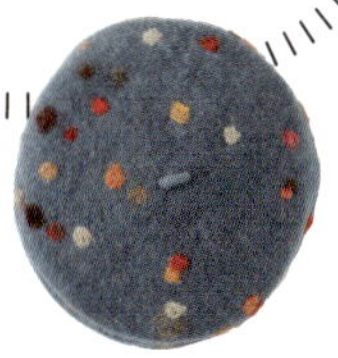

切れ端を使って

・ブローチ
・パッチワーク
・フェルト刺しゅう
・詰め物

Part 2

ニットでリメイク いろいろ

サイズアウトしたニットを着られるようにするには、左の写真のように脇と袖に別のニットを足せば簡単です。また、プルオーバーをカーディガンにしたり、内側にダウンを仕込ませたり、アイデア次第ではっと驚かれそうなリメイクも。見慣れたセーターも新鮮になります。

How to make p.34

アランセーターのカーディガン

襟が黄ばみ、あちこちにシミのあるアランセーター。
汚れはダーニングで隠して、カーディガンにリメイク。
はき古したデニムを合わせたら印象的な一枚になりました。

How to make

アランセーターのカーディガン

【材料】
ハイネックのアランセーター
デニムの切れ端
モヘア毛糸

1. 着古したセーターを用意する

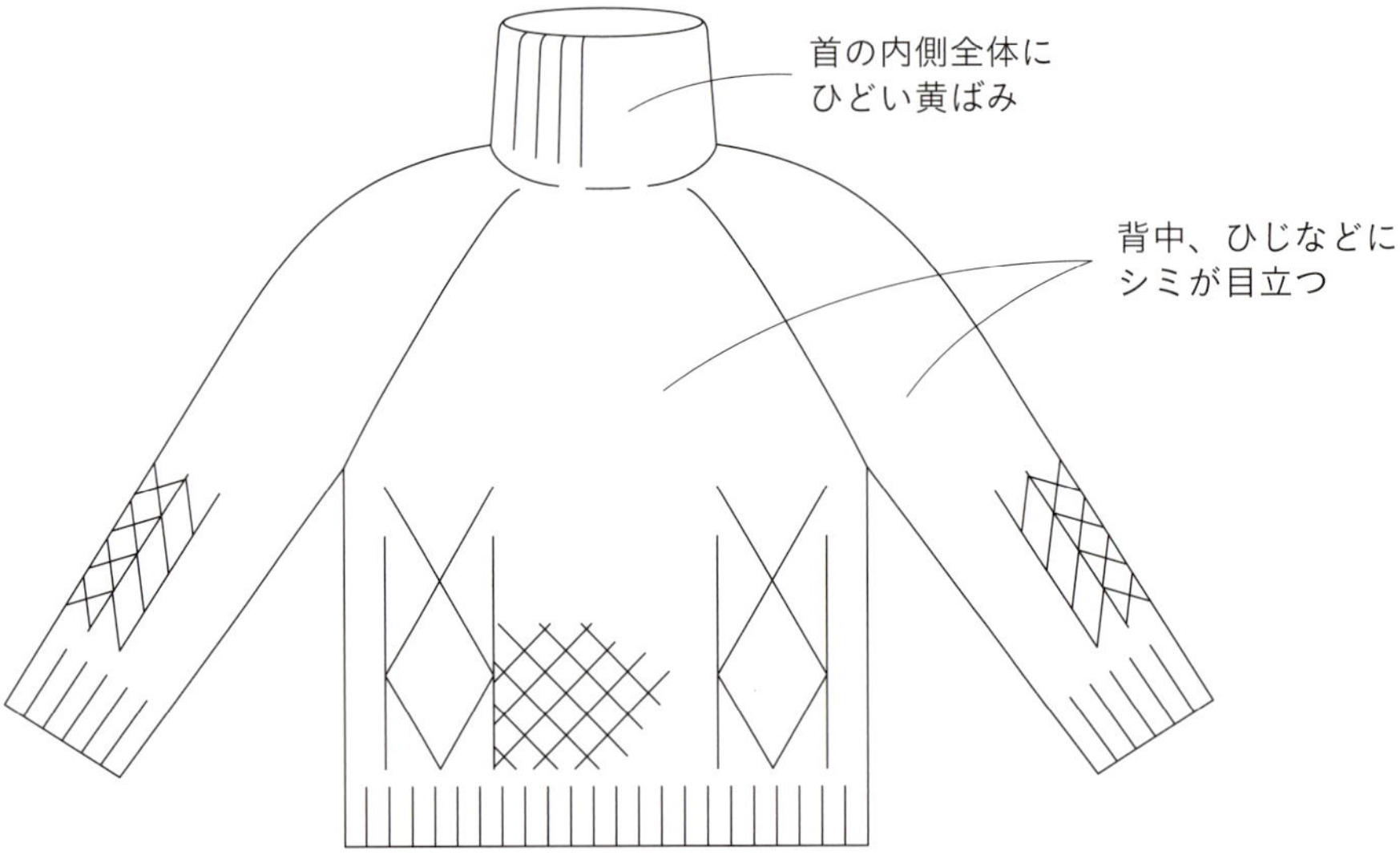
首の内側全体にひどい黄ばみ
背中、ひじなどにシミが目立つ

2. ほつれ防止のための前処理

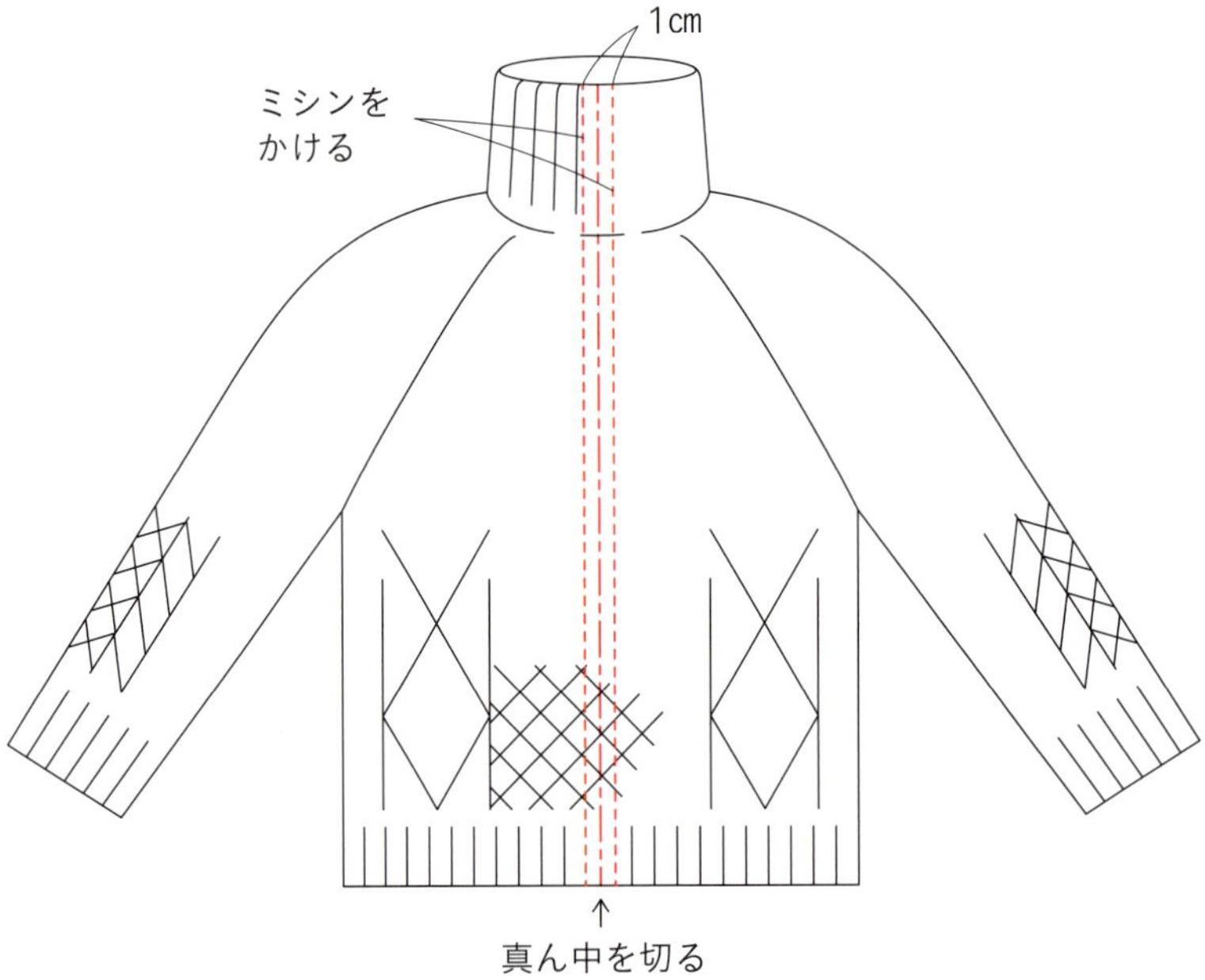
1cm
ミシンをかける
真ん中を切る

前身頃の真ん中に、2本のミシンをかける(ミシンがなければ手ぬいで返しぬい)。その真ん中を切る。

3. 前開きの縁取り

【 デニムの切れ端 】

切った前身頃の縁取り用に、デニムの裾やぬい代、ポケットの下などから、いろんな色味のところを、5㎝の幅にカットしてつないで長くして使う。バイアステープのつなぎ方と同様につないでもよい。

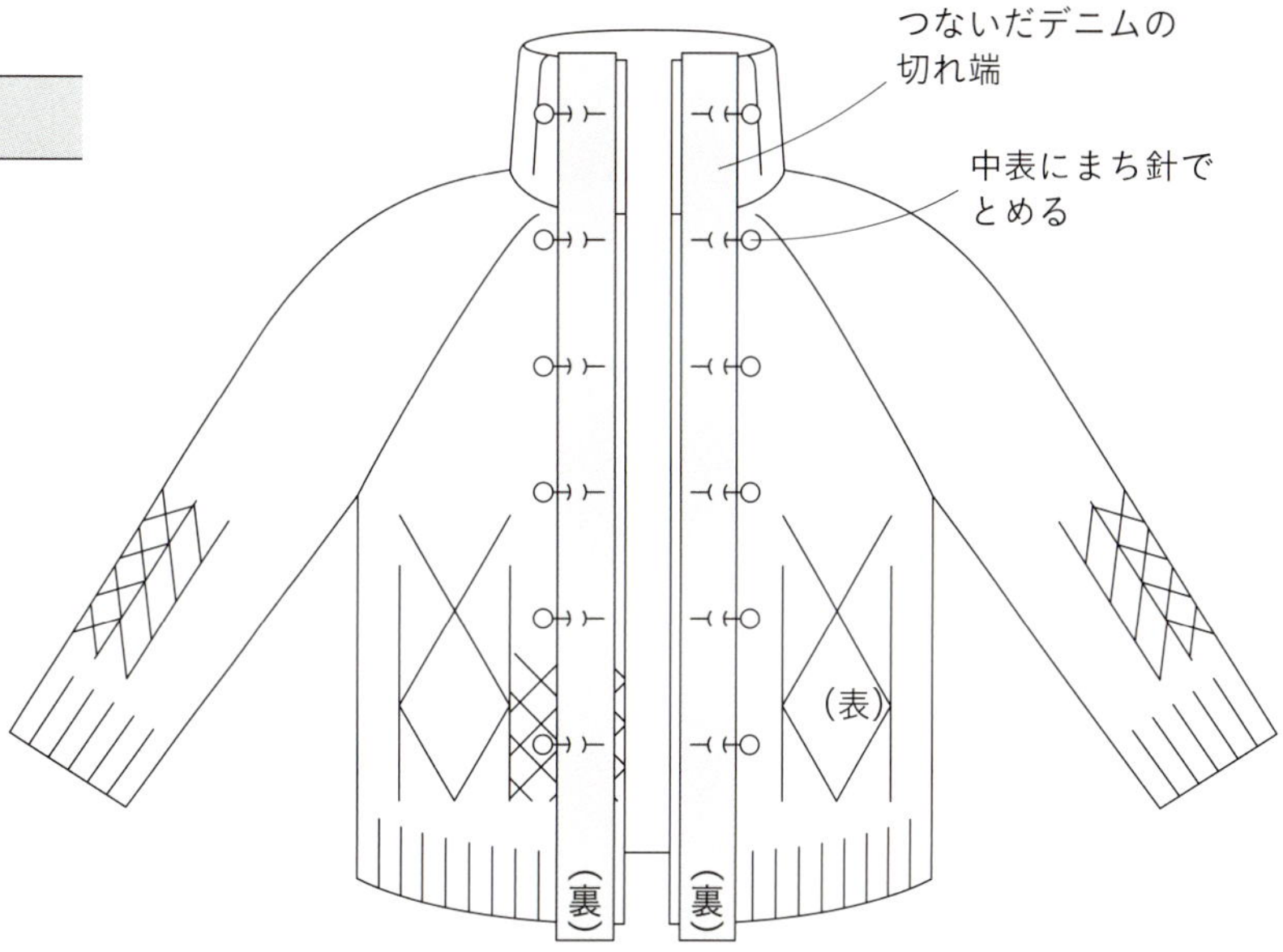

つないだデニムを、セーターの前身頃の端に中表でまち針でとめる。

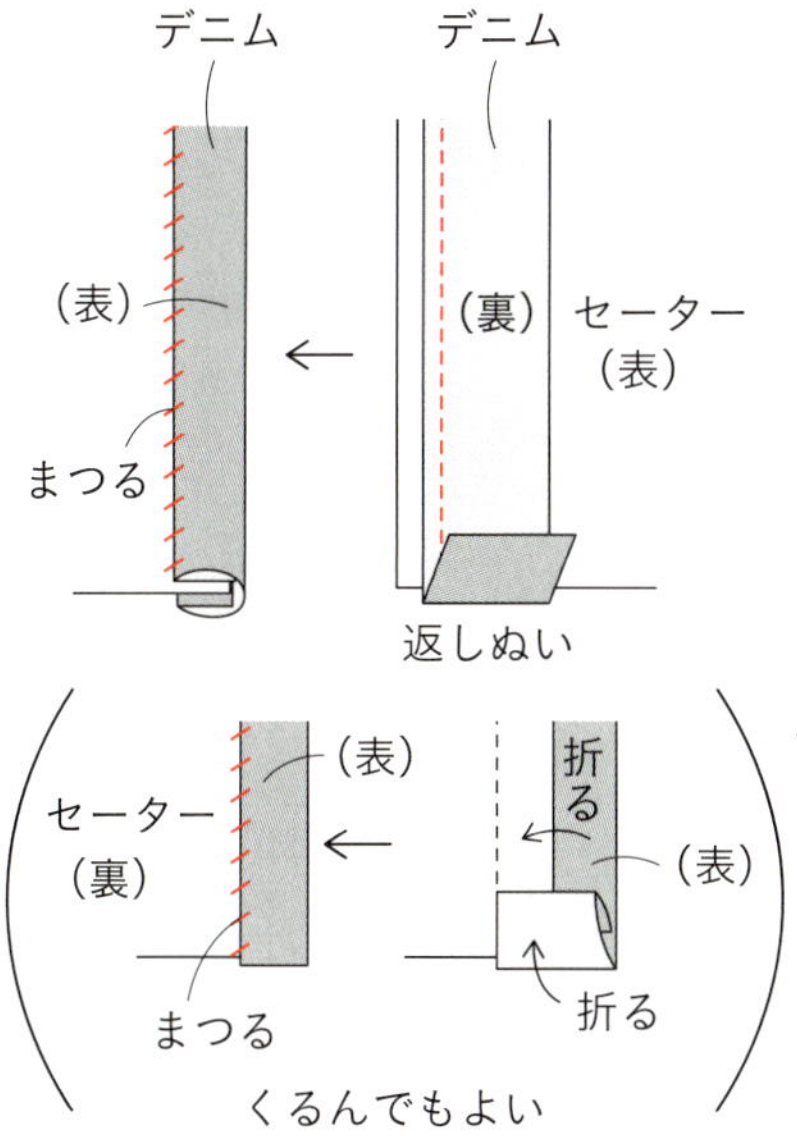

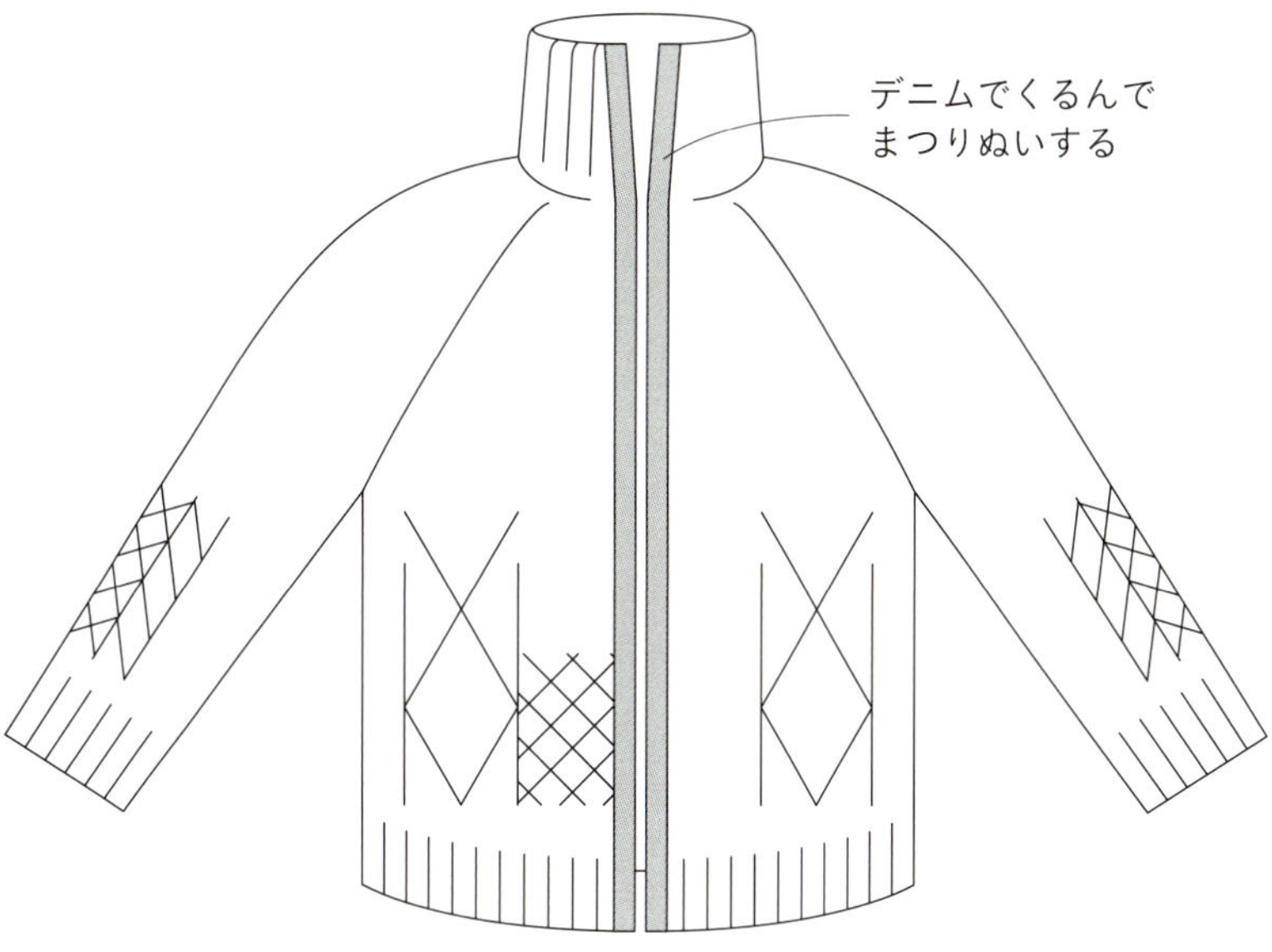

縁取りの完成。

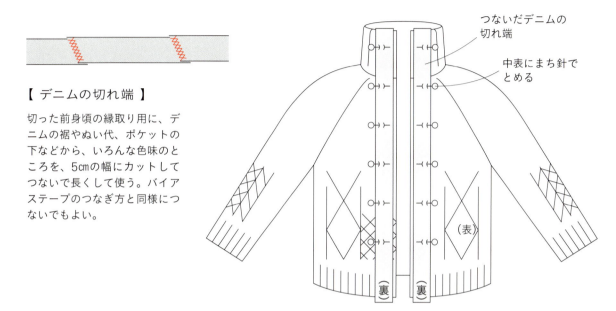

4. ボタンとループをつける

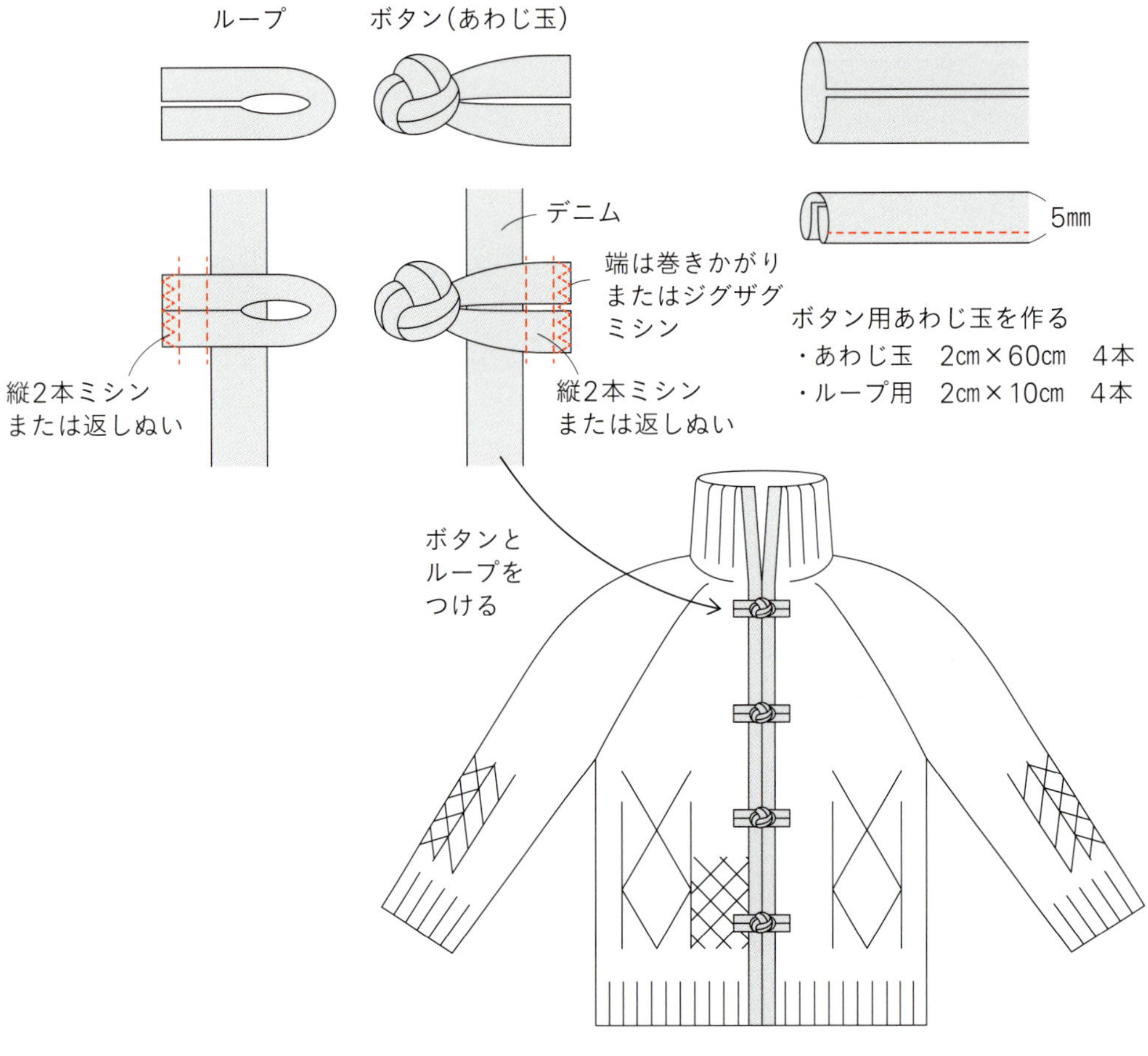

5. 黄ばみやシミにダーニング

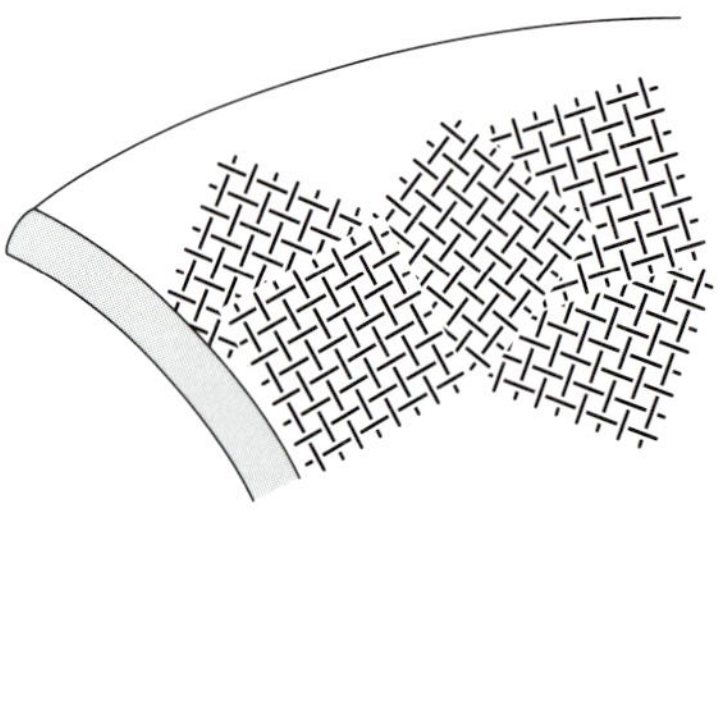

襟の黄ばみは面積が広いので、モヘアの毛糸を使って、粗くバスケットステッチをしました。

柄がまとまりにくいときは、中の1色を使って(今回は紺色)、バックステッチで点々と全体をつなぐと自然な感じになります。

背中側のシミもすべてダーニングしました。

ダーニングはお好みで楽しんでください。

(詳しくはp.68)

あわじ玉の結び方

1.

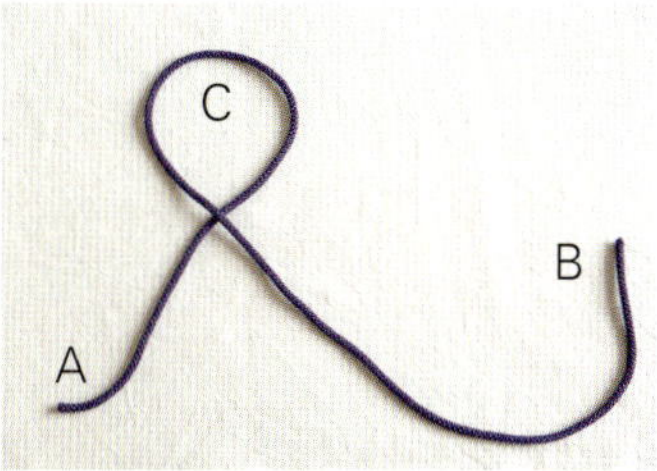

BをAの上にのせて配置し、C部分を前へ倒す。

2.

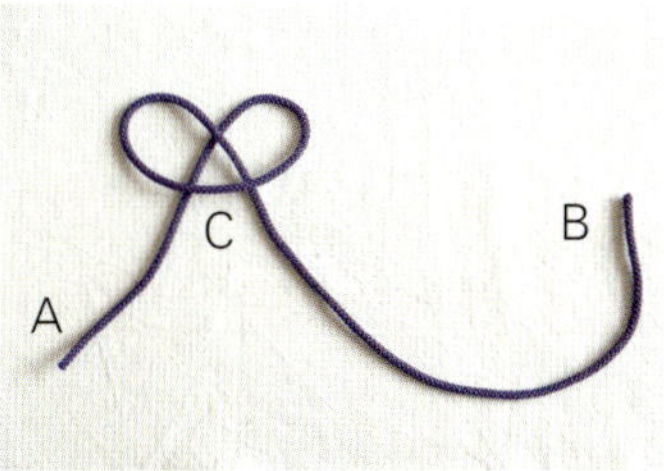

C部分を倒したところ。

3.

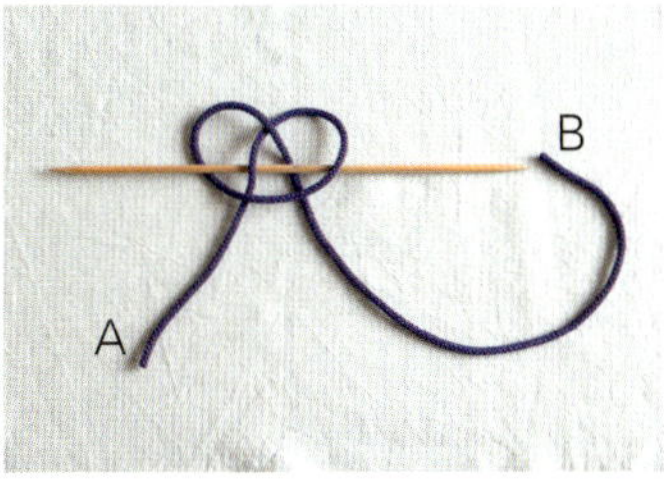

Bの先を、棒が通っているように通す。

4.

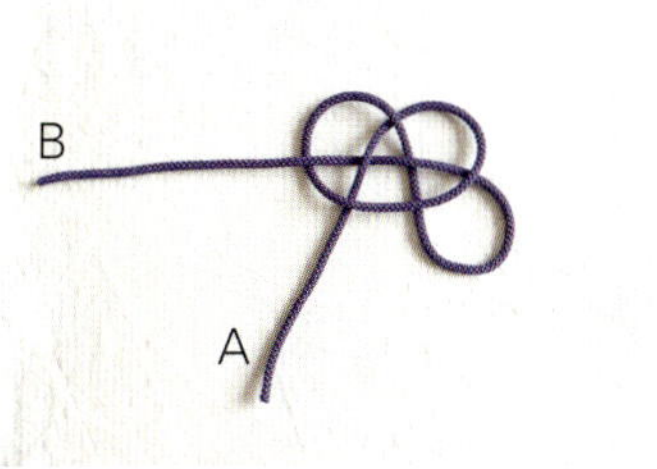

通したところ。次にBをAの上にのせる。

5.

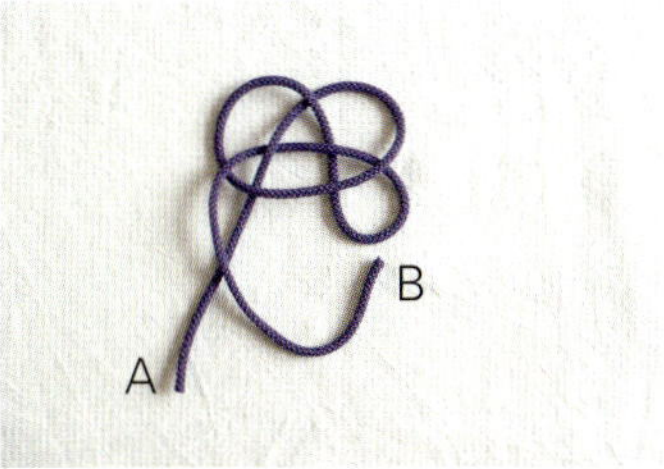

のせたところ。

6.

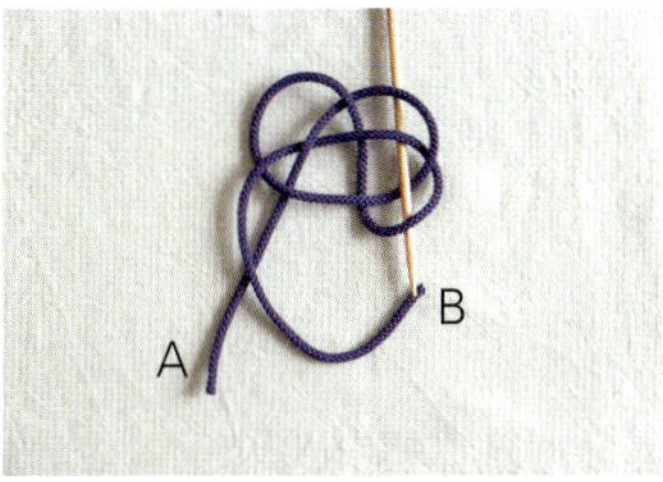

Bの先を、棒が通っているように通す。

7.

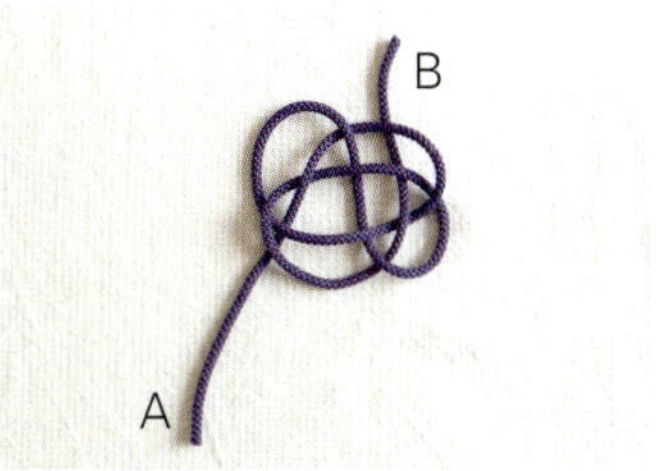

通したところ。

8.

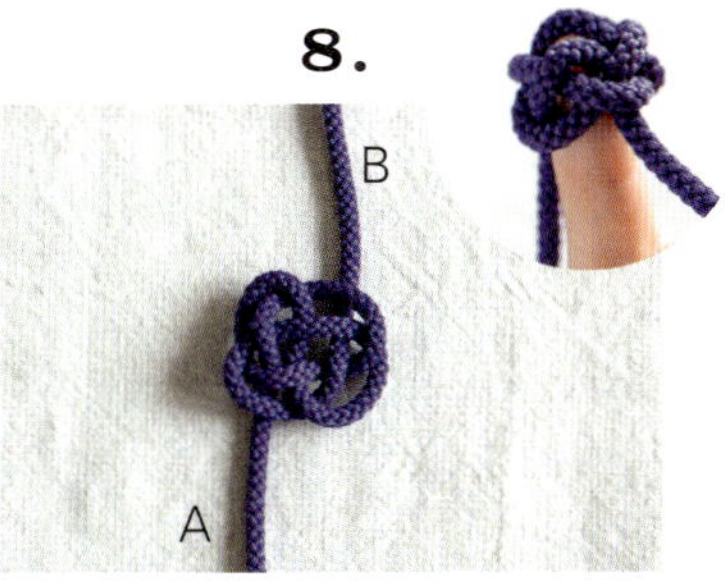

指で持ち上げ、A、Bのひもを少しずつ引きしめ玉にする。

9.

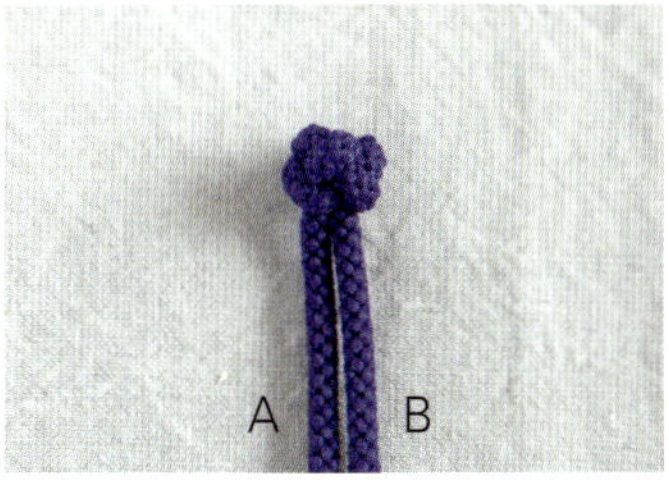

A、Bのひもを合わせて完成。

How to make p.40

ニットのダウンベスト

古着屋で気に入って買ったセーターですが、
重くて動きにくいので袖を外しました。
ダウンベストに重ねたら、これ以上ない暖かさです。

How to make

ニットのダウンベスト

【材料】
セーター
ダウンベスト

1. ダウンベストとセーターを用意する

セーターの選び方
・ダウンベストより幅は少し広め
・ハイネックまたは高めの襟

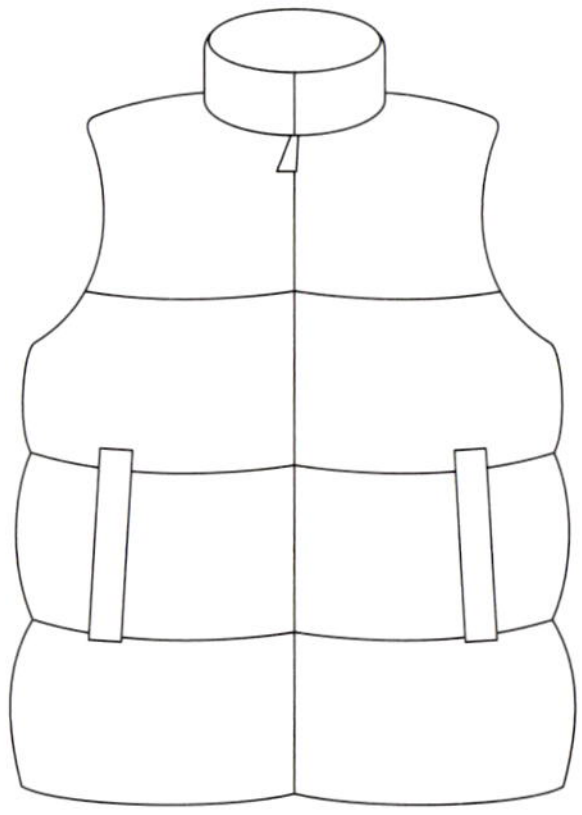

ダウンベスト

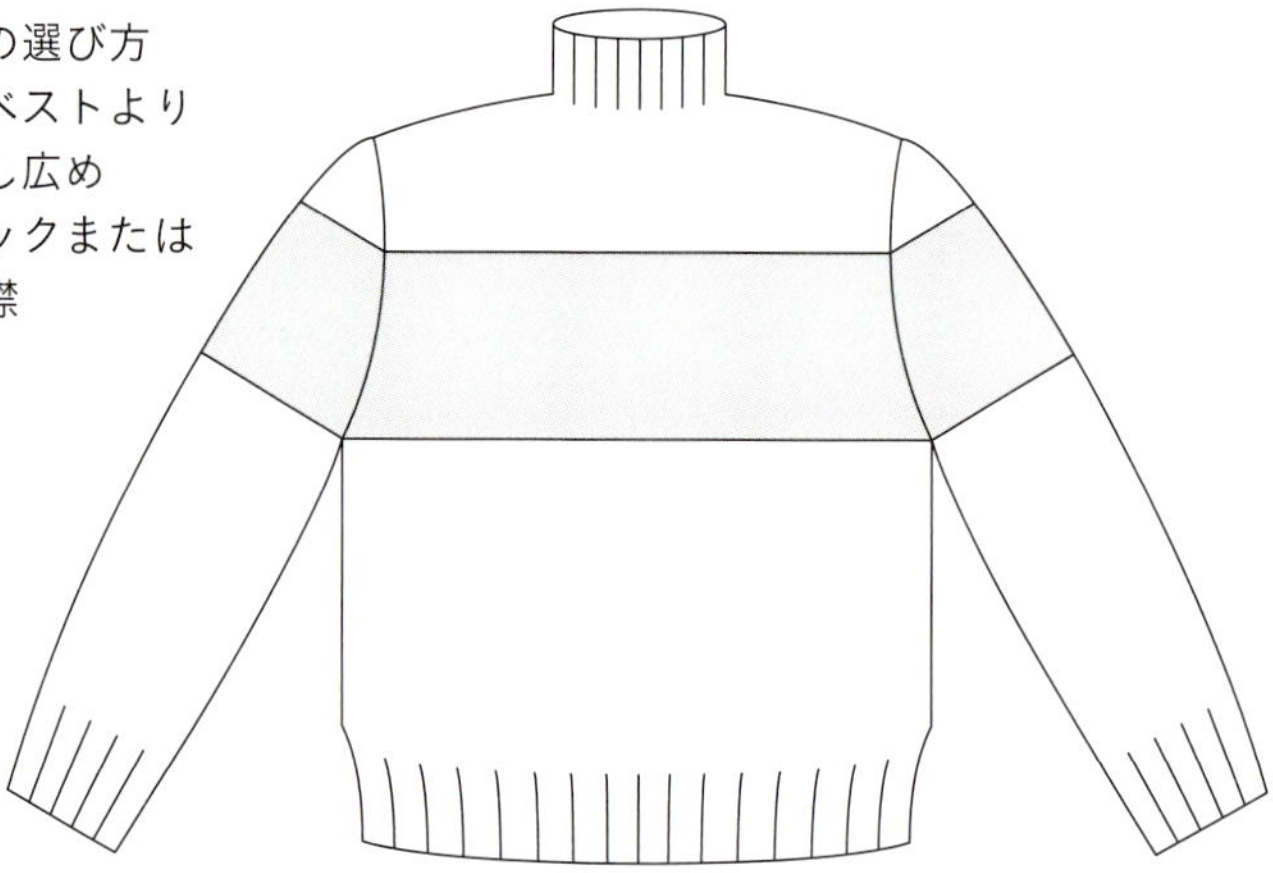

セーター

2. 前開きを作り、袖をほどく

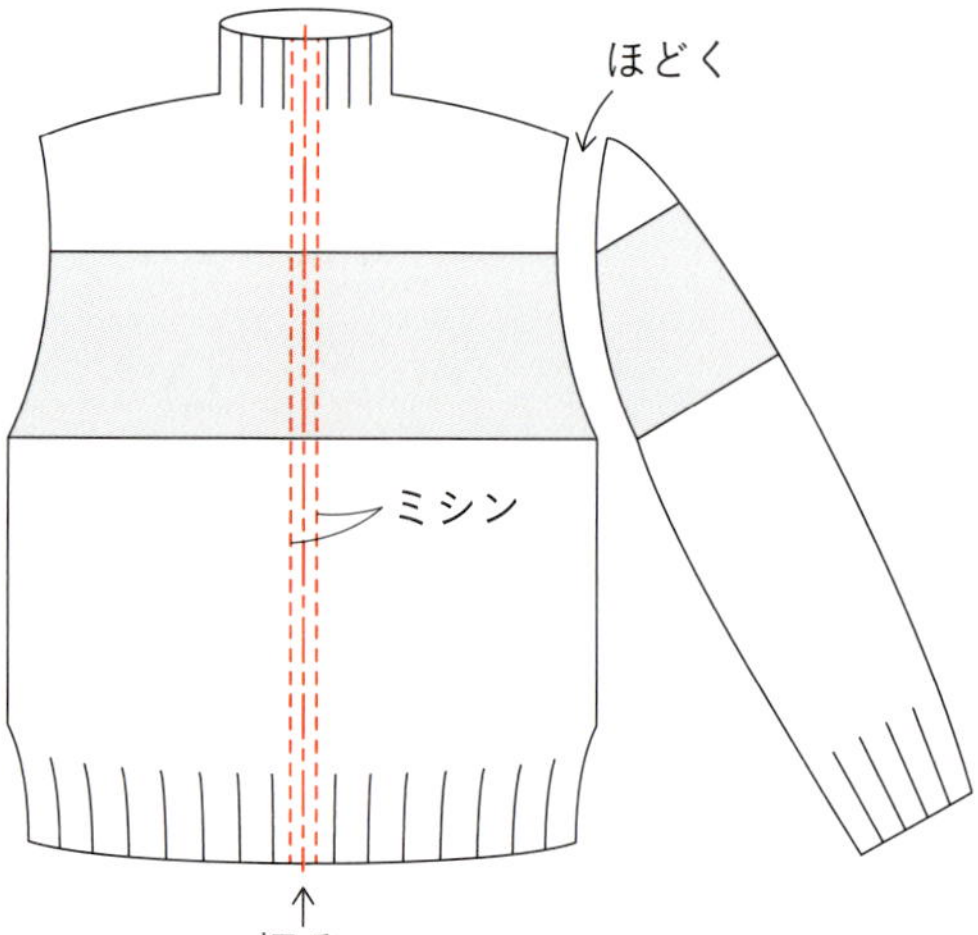

前身頃の真ん中に、2本のミシンをかける（ミシンがなければ手ぬいで返しぬい）。その真ん中を切る。

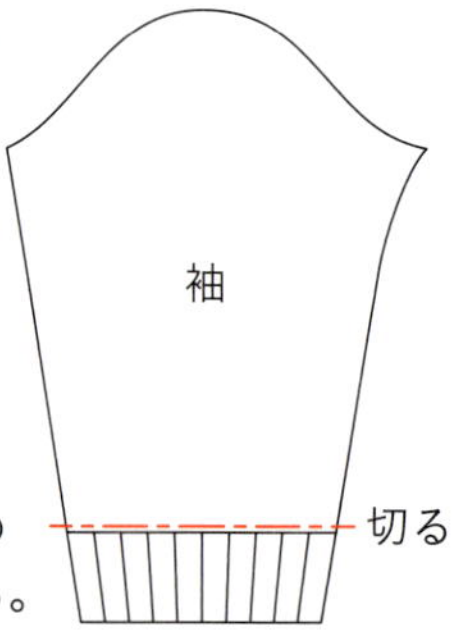

袖のゴム編みの部分を切り取る。

3. セーターにポケット位置の印をつける

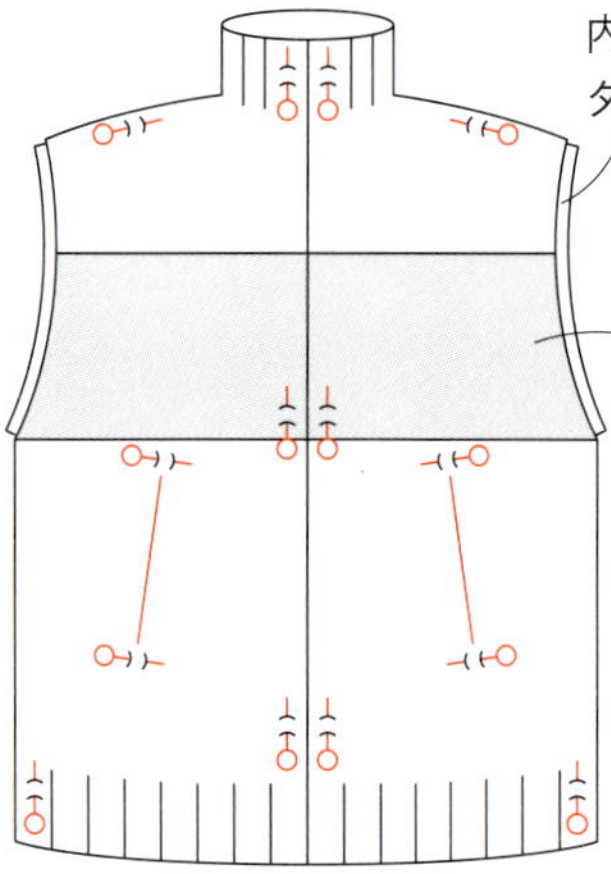

ダウンベストとセーターを重ねまち針でとめて、ポケット位置の印をつける。

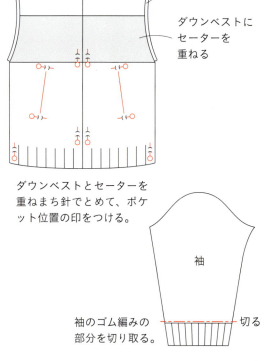

4. ポケット口を作る

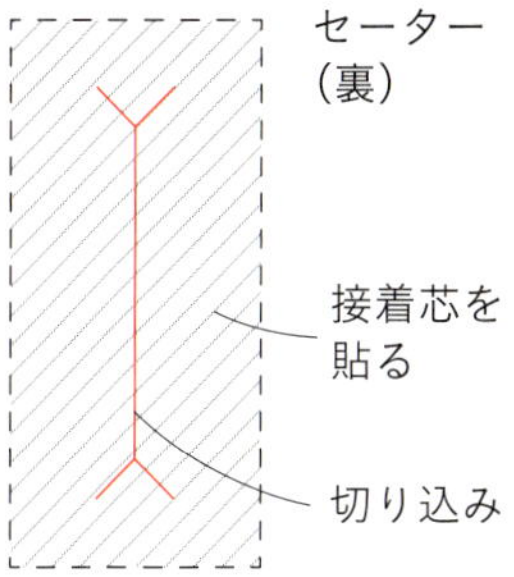

①ポケット位置の裏に接着芯を貼ってから切り込みを入れる。切りすぎないように慎重に。

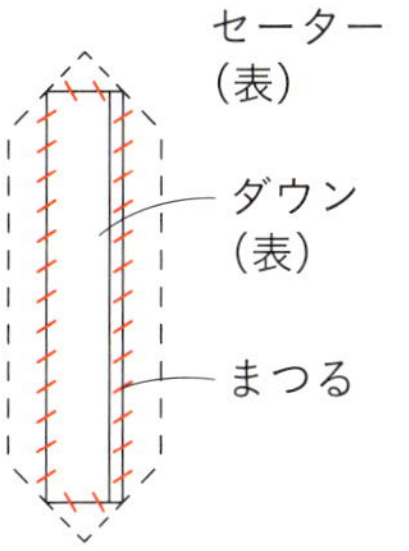

②ポケット口の切り込みからセーターを裏へ折り、ダウンベストにまつる。

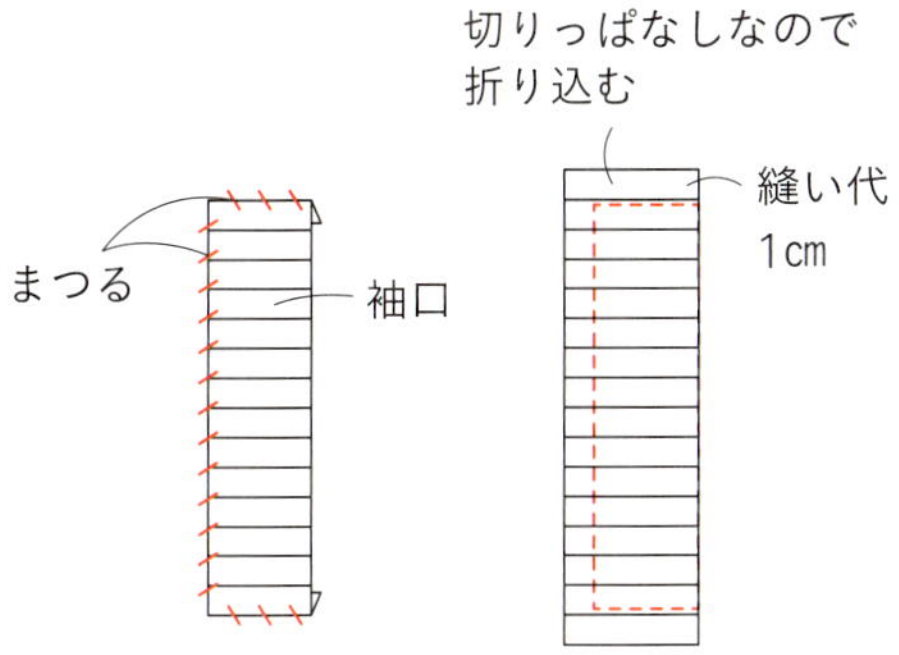

③袖のゴム編みをポケット口より少し大きく切り、ポケット口に合わせてまつる。

5. ダウンベストとぬい合わせる

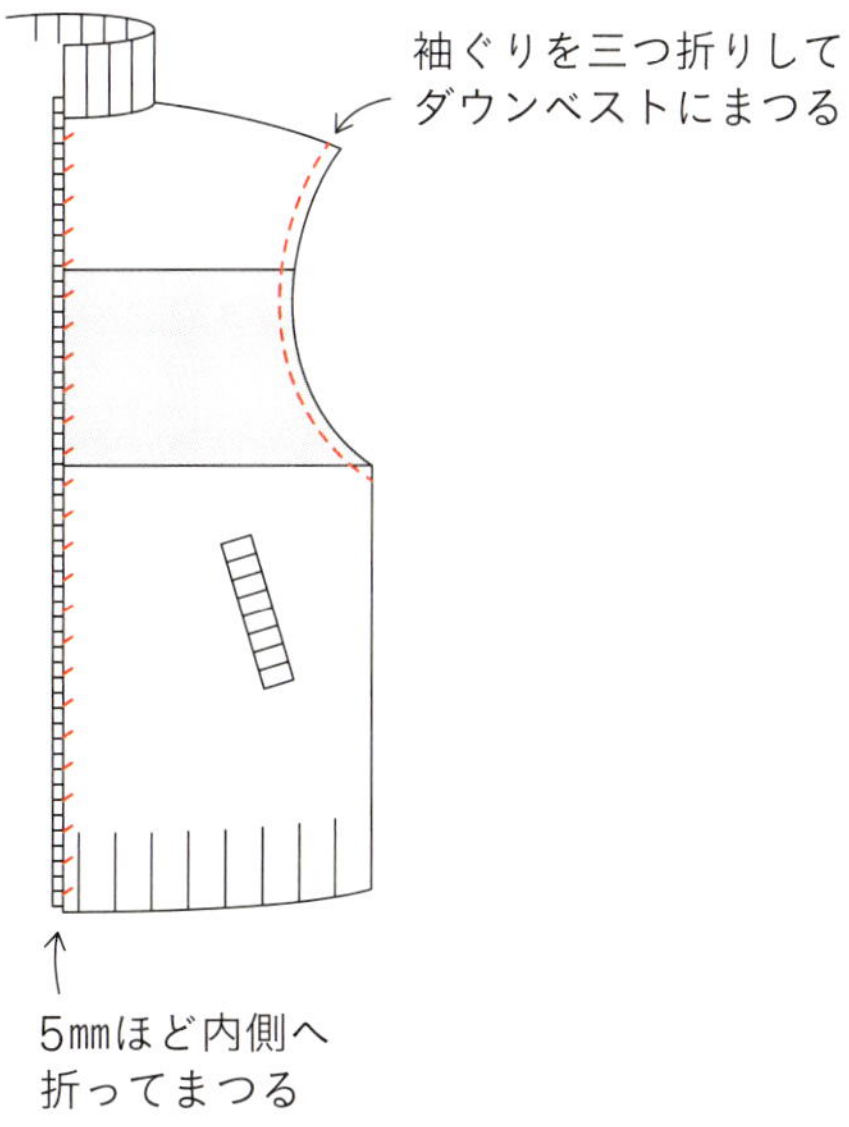

6. 襟の高さを合わせる

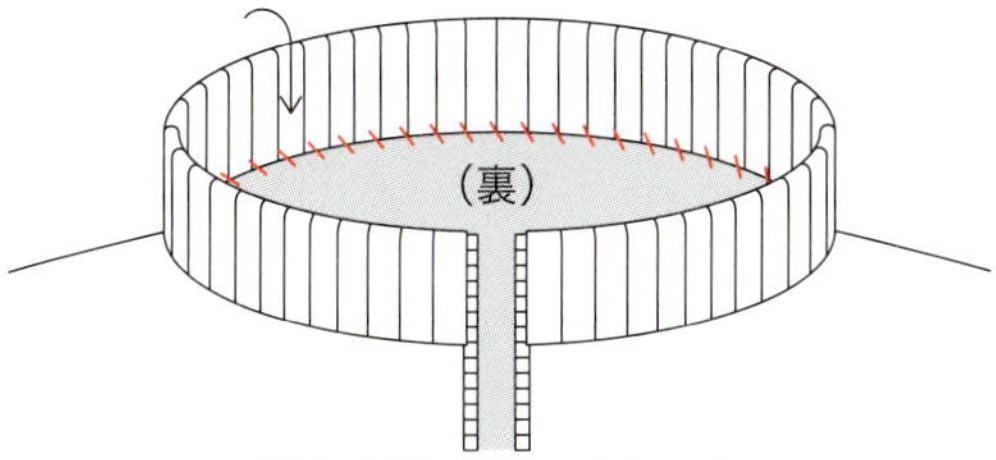

襟を内側へ折ってまつる

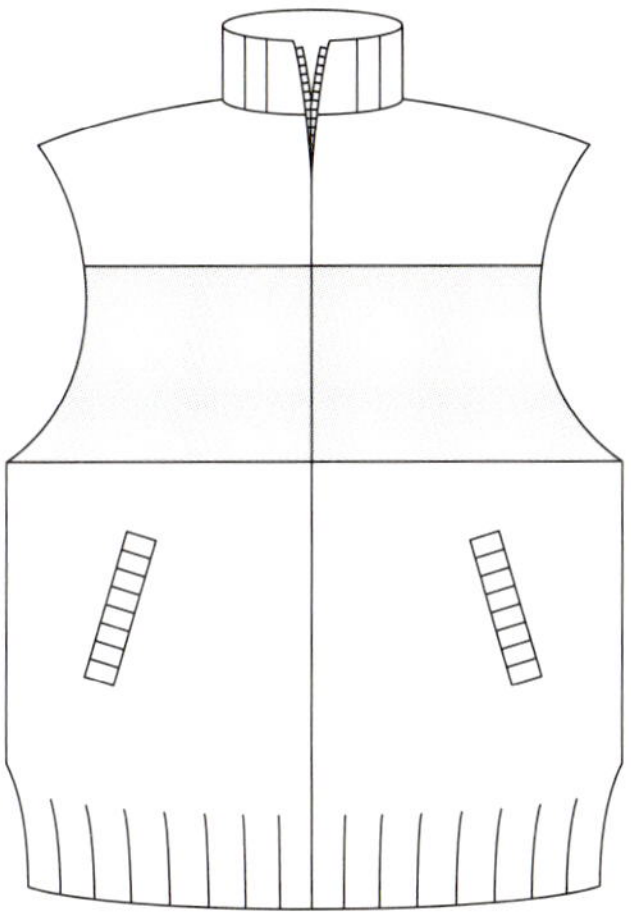

完成！

How to make p.43

同じニットでバッグ

セーターの残りから、袖の形を利用したバッグに。
合うボタンが見つからないので、
セーターの端切れをまるめてボタンにしました。

How to make

同じニットでバッグ

【材料】
セーターの袖
裏布用布
コード
※今回は鎖編みしたひも・端切れ

1. 袖からバッグ地をカットする

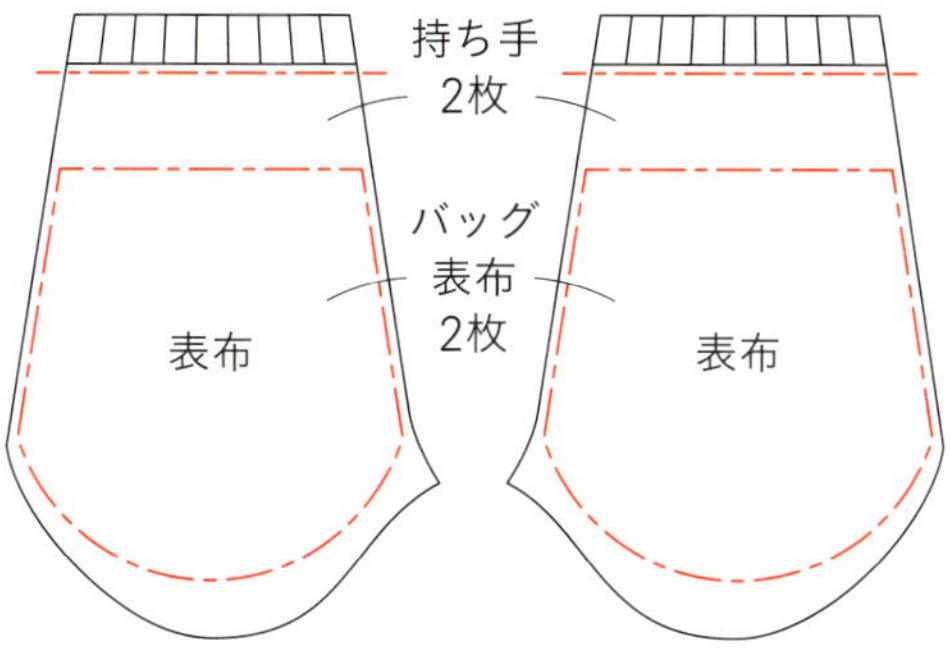

持ち手
2枚
バッグ
表布
2枚
表布
表布

2. 裏布を用意する

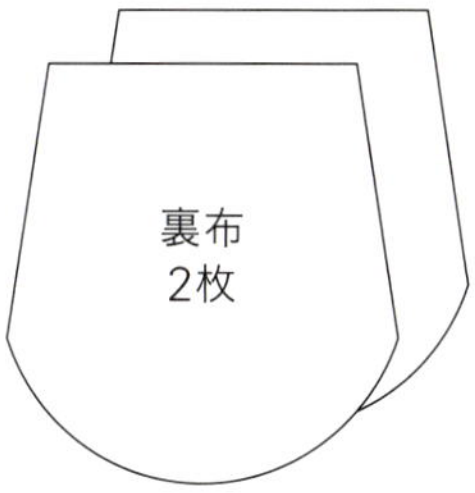

裏布
2枚

無地の布などでOK。

3. 持ち手をつける

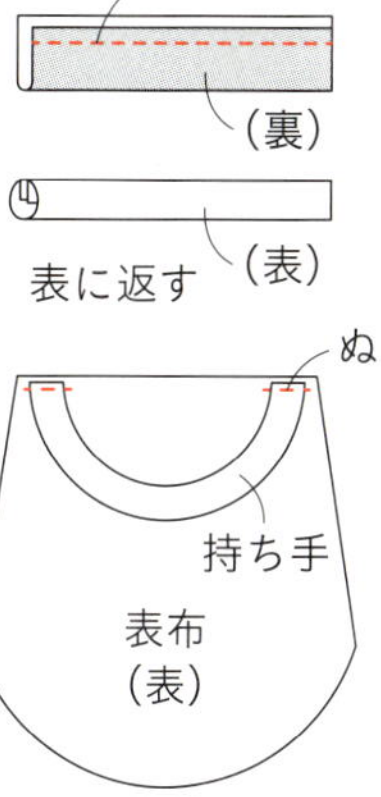

ぬう
（裏）
表に返す
（表）
ぬう
持ち手
表布
（表）

表布表に持ち手をぬいつける。

4. 表布、裏布をぬって合わせる

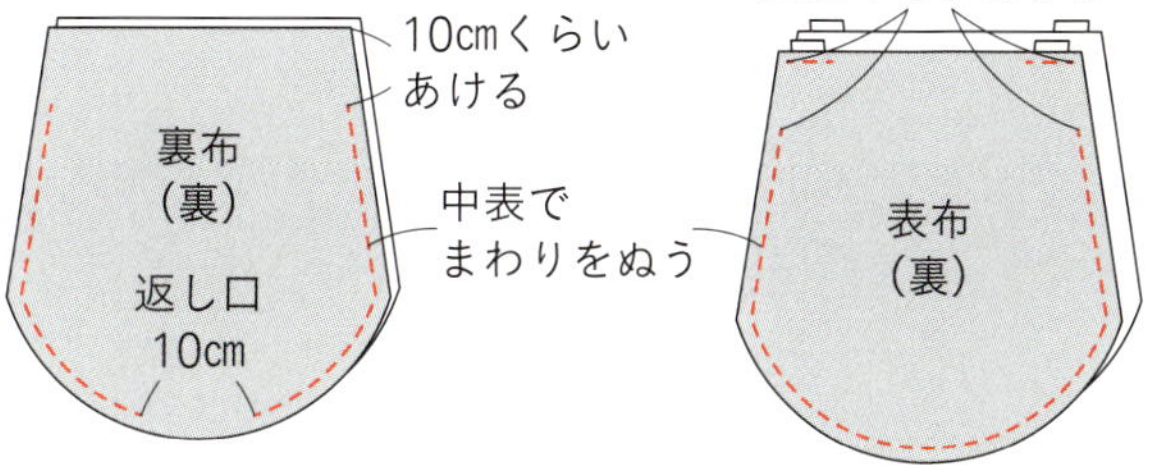

10cmくらいあける
10cmくらい
あける
裏布
（裏）
中表で
まわりをぬう
返し口
10cm
表布
（裏）

返し口をぬい残す

それぞれ中表に
ぬい合わせる。

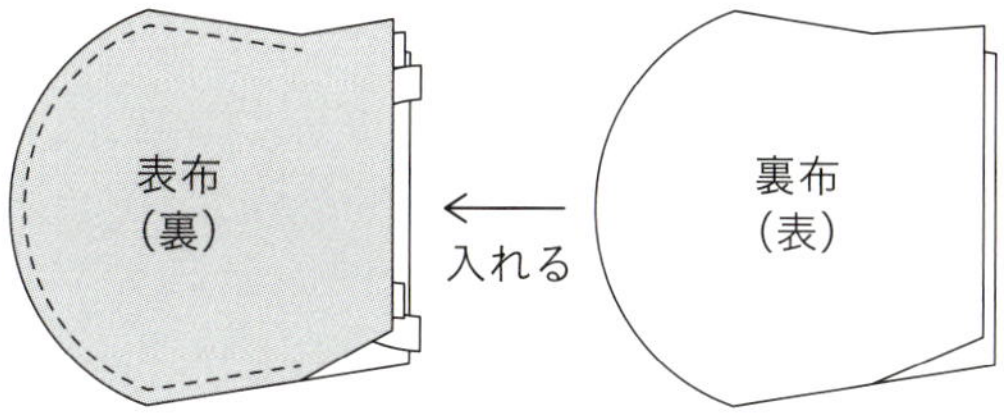

表布
（裏）
入れる
裏布
（表）

表布と裏布を中表で合わせる。

5. 入れ口をぬい、返し口から表に返す

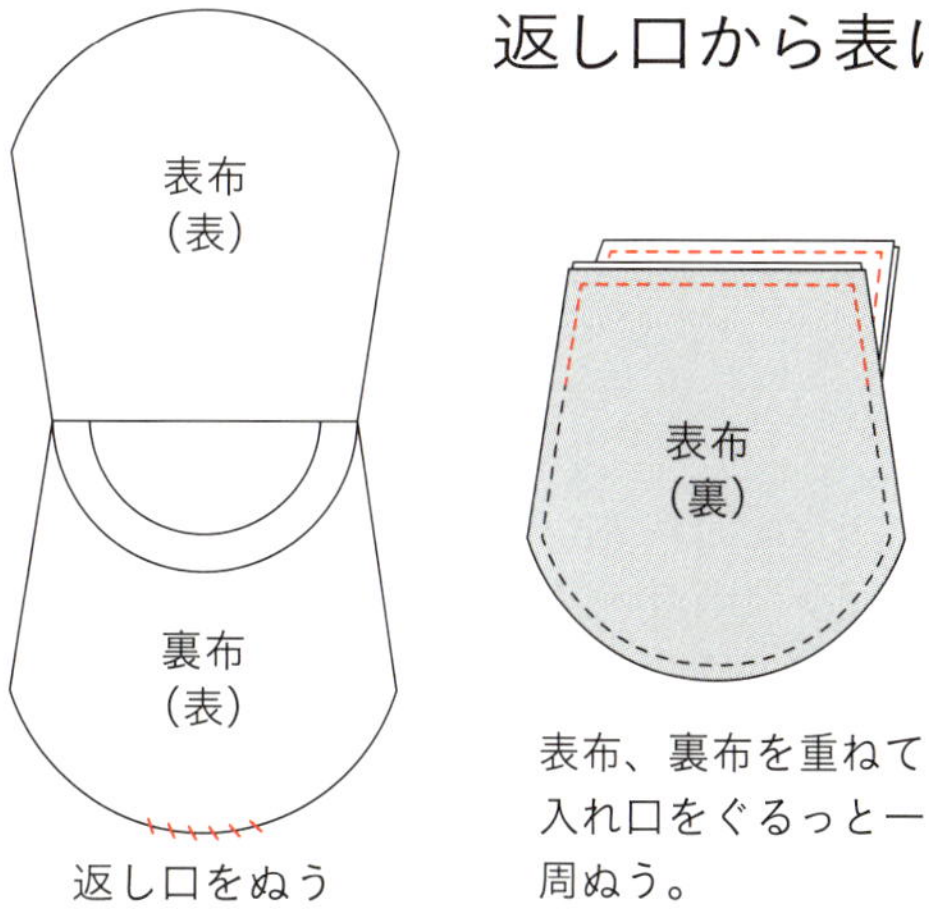

表布
（表）
裏布
（表）
表布
（裏）

返し口をぬう

表布、裏布を重ねて
入れ口をぐるっと一
周ぬう。

6. ボタンとコードをつける

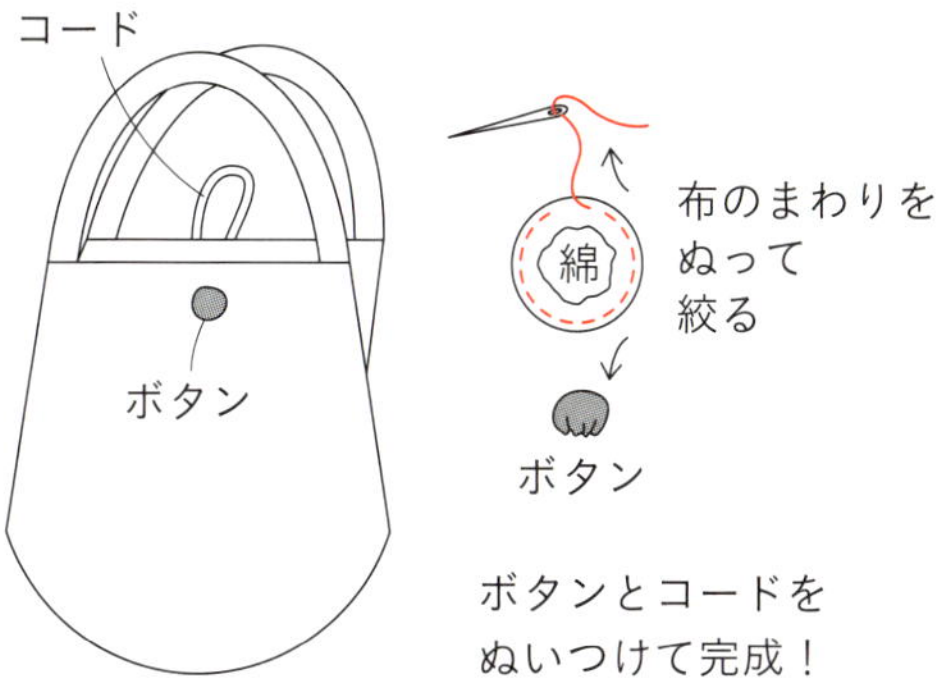

コード
ボタン
布のまわりを
ぬって
絞る
綿
ボタン

ボタンとコードを
ぬいつけて完成！

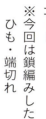

How to make p.46

ちょい足しニット

小さすぎたり、傷んだり、飽きてしまったり。
そんなセーターは、他のセーターを
部分的に付け足すと、ぐっと印象が変わります。

How to make

ちょい足しニット 袖のアレンジ

【材料】
セーターA
セーターB

1. Aのセーターの袖をカット

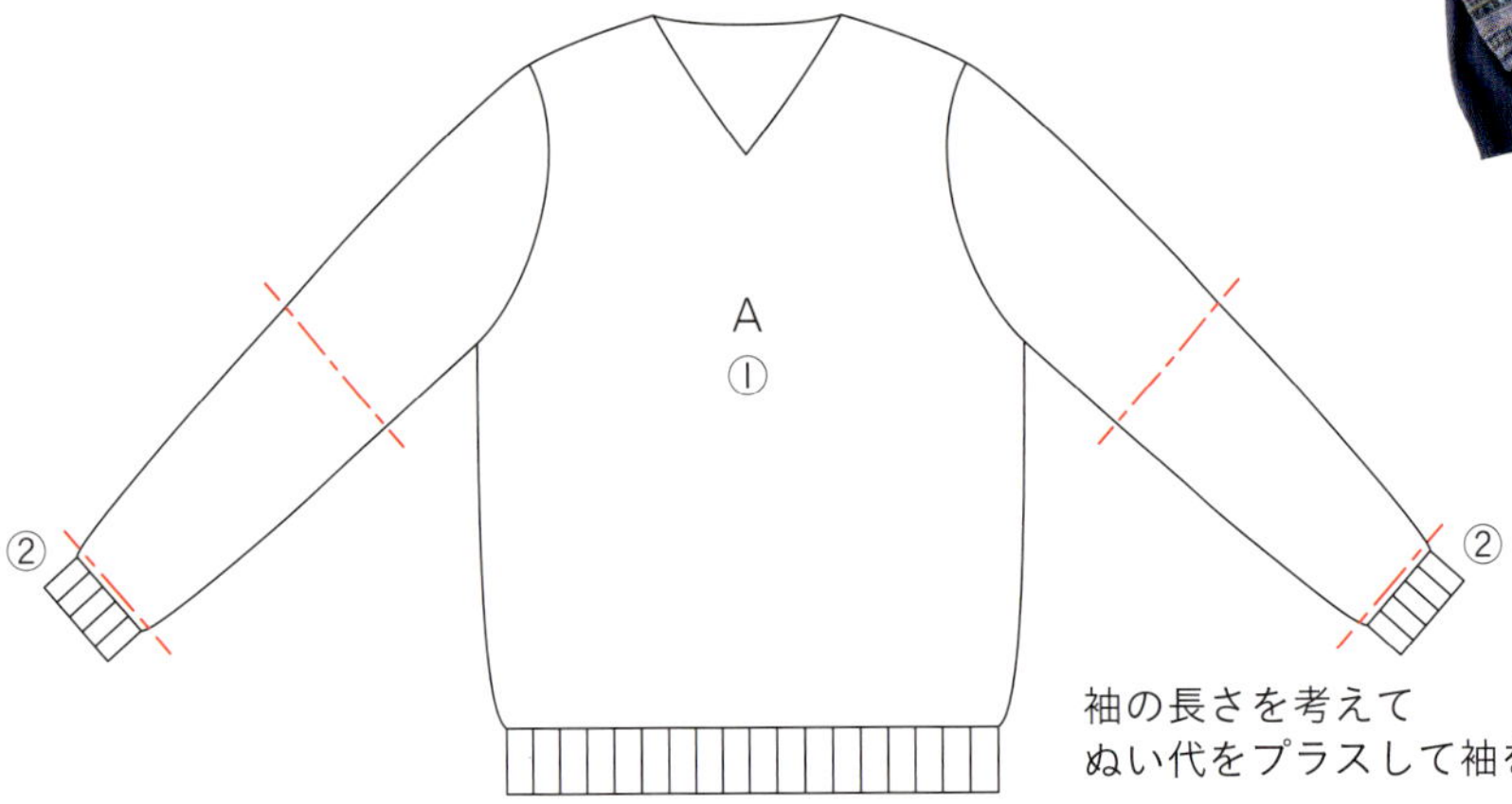

袖の長さを考えて
ぬい代をプラスして袖を切る。

2. Bのセーターの袖をカット

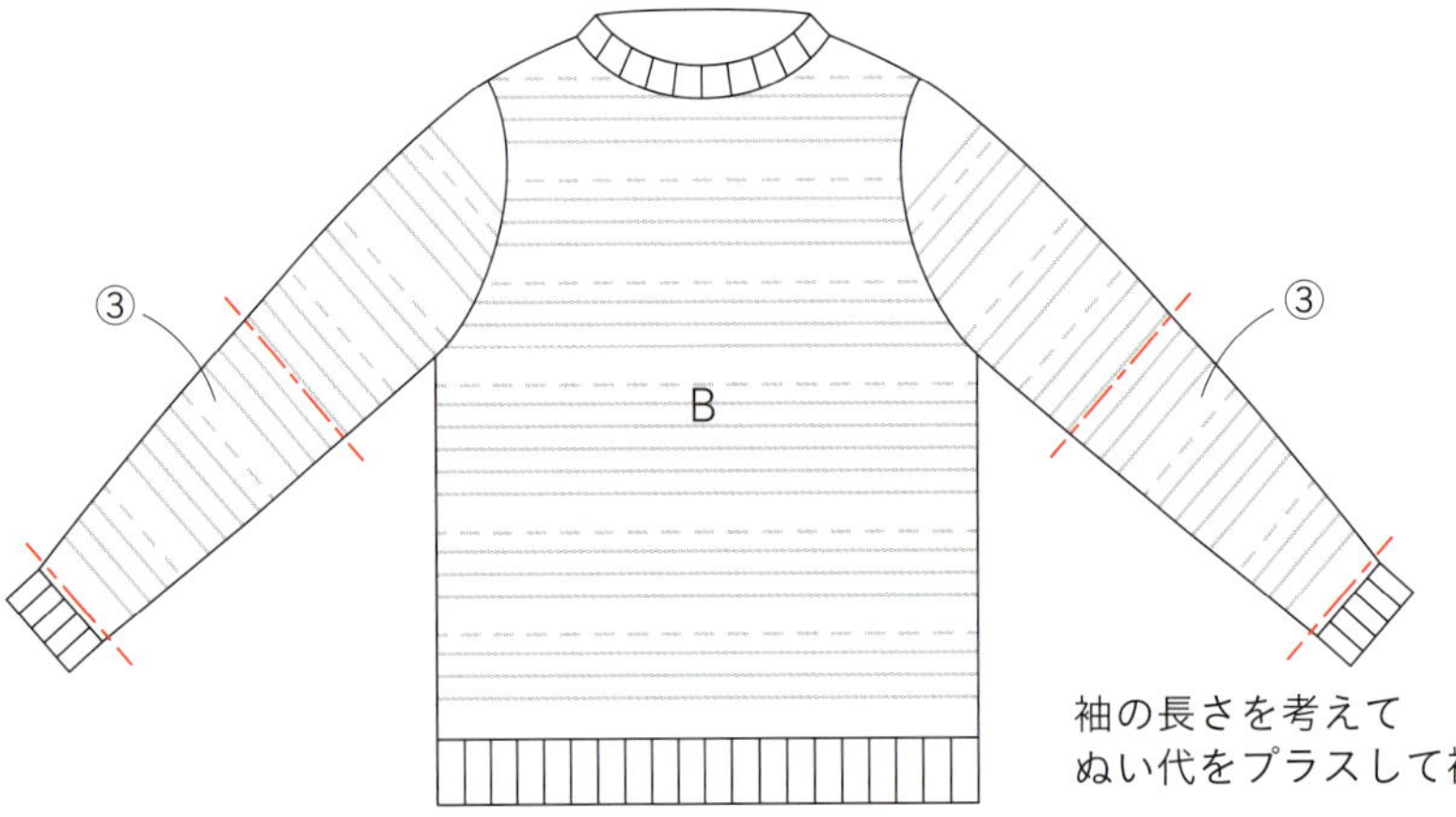

袖の長さを考えて
ぬい代をプラスして袖を切る。

3. AのセーターにBの袖をつける

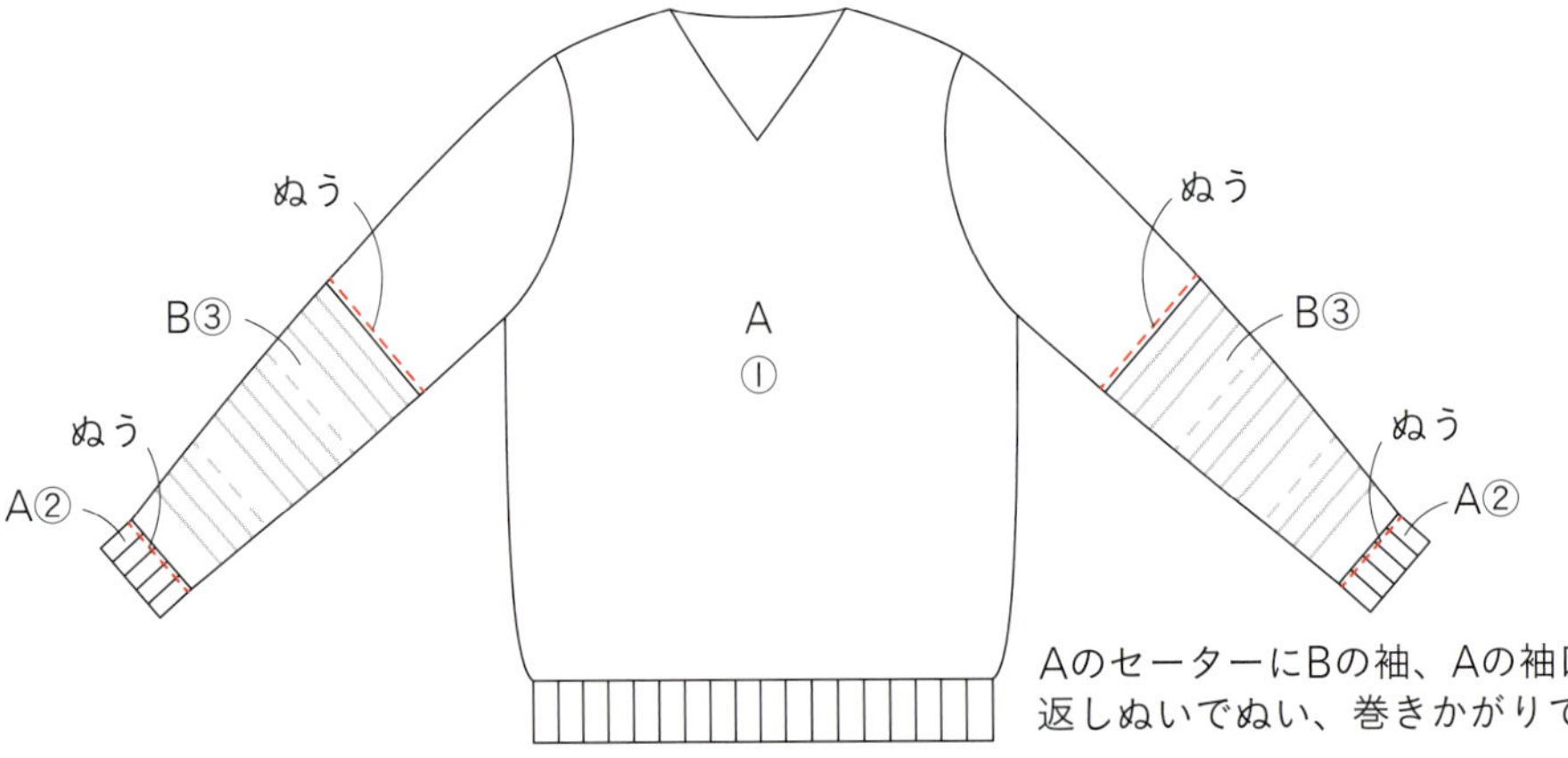

AのセーターにBの袖、Aの袖口を中表に重ねて
返しぬいでぬい、巻きかがりで始末する。

How to make

ちょい足しニット 脇のアレンジ

【材料】
セーターA
セーターB

1. Aのセーターの袖下、脇をほどく

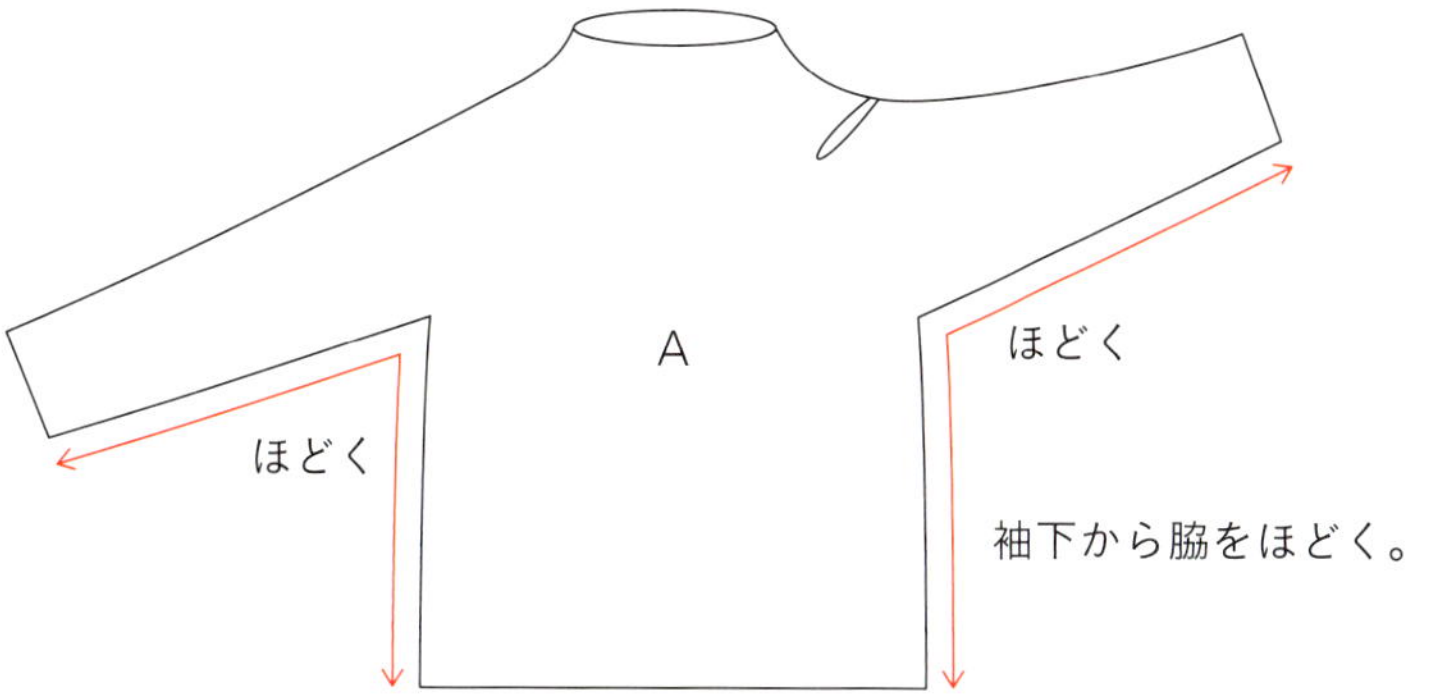

2. Bのセーターの必要部分をカット

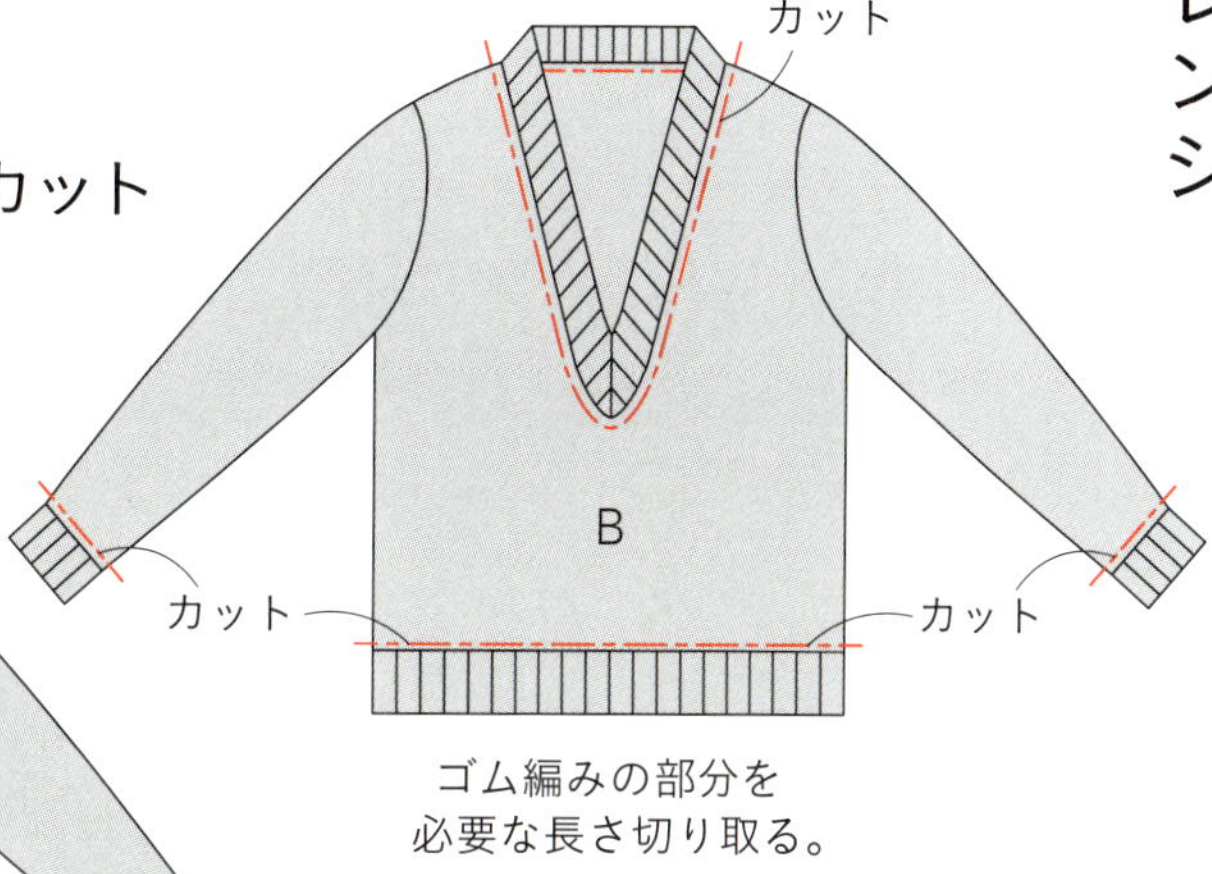

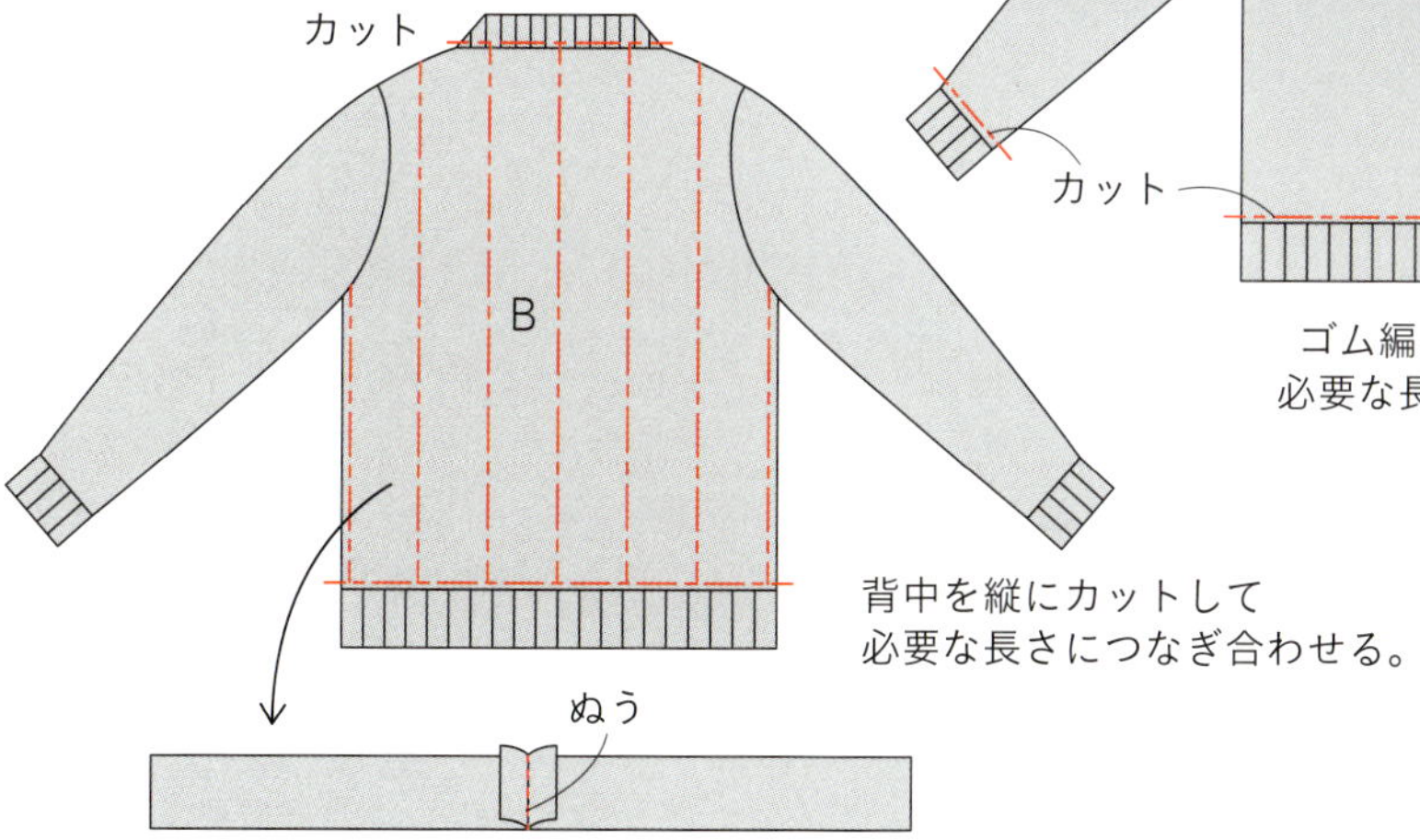

3. 脇と裾、袖口にBをはぎ合わせる

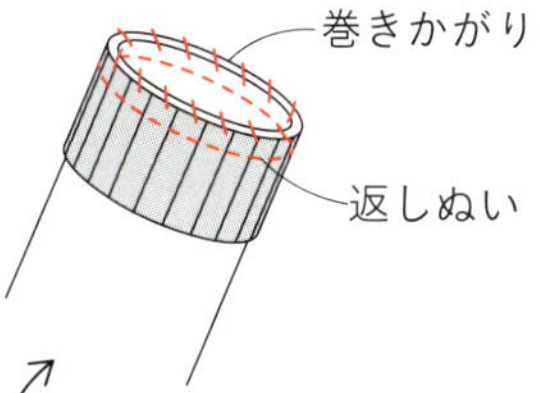

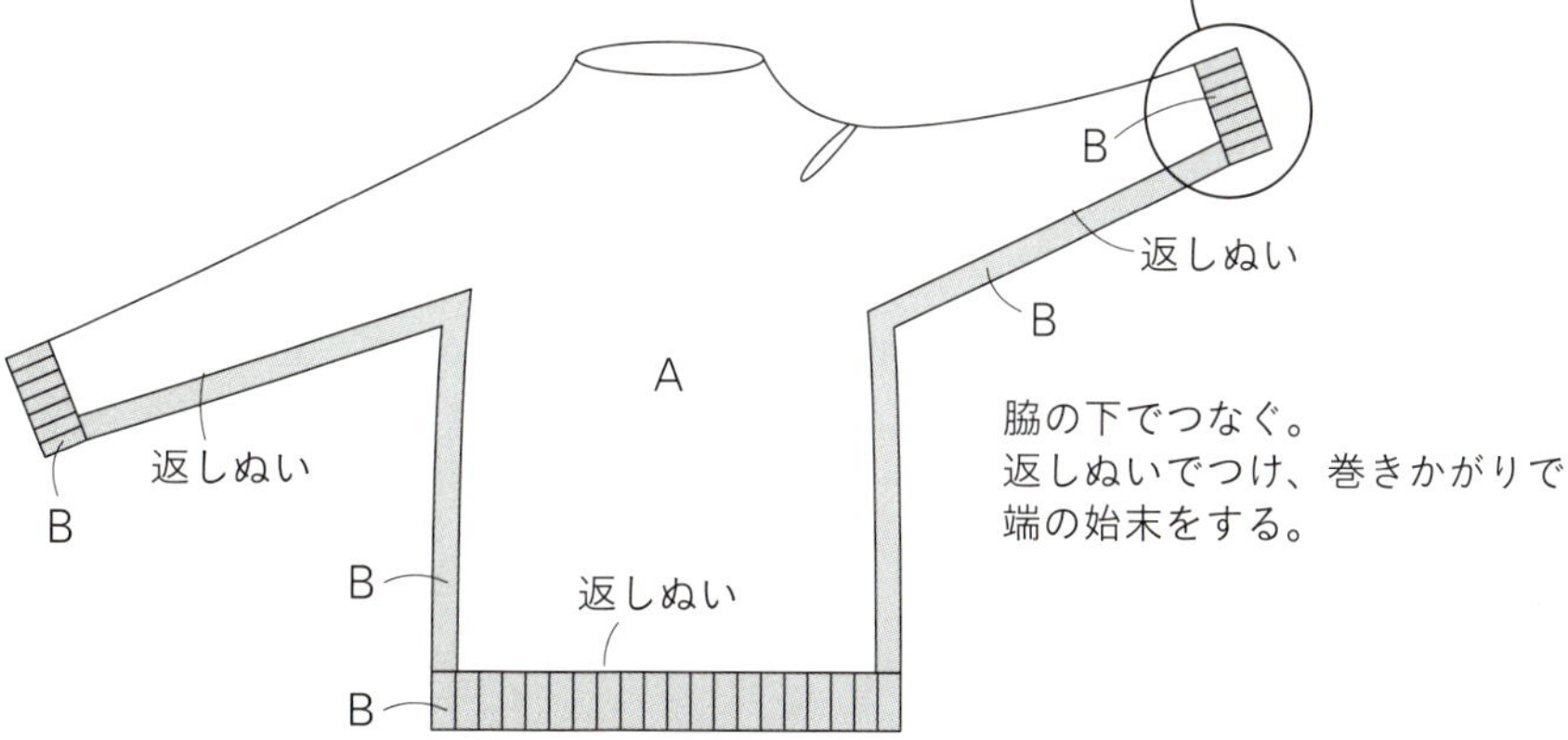

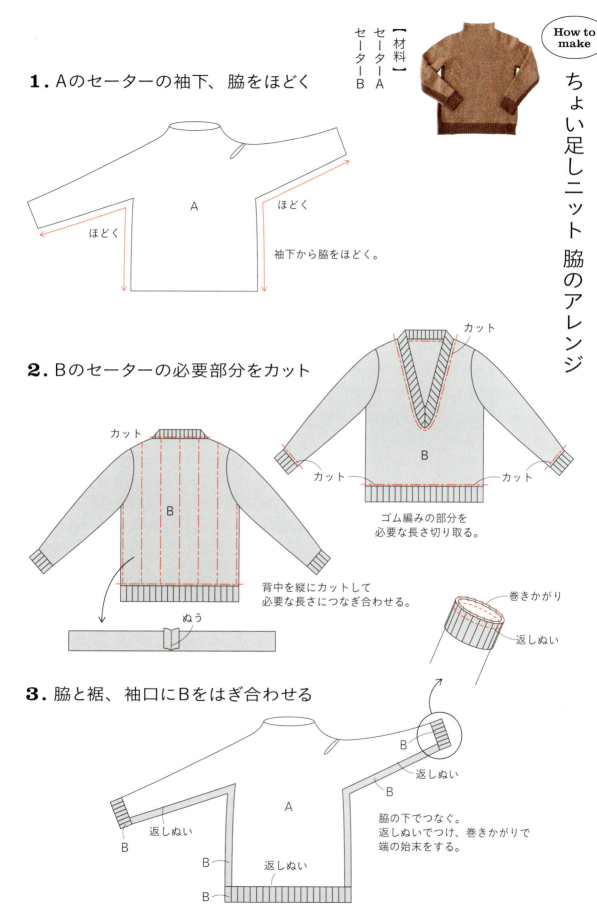

How to make p.50

マフラー＋セーターのジレ

おそらく、70年くらい昔の父のマフラーは、
とてもやわらかくて手ざわりのいい素材。
古着のセーターとぬい合わせたら素敵なジレに。

How to make

マフラー＋セーターのジレ

【材料】
セーター
マフラー

1. マフラーとセーターを用意する

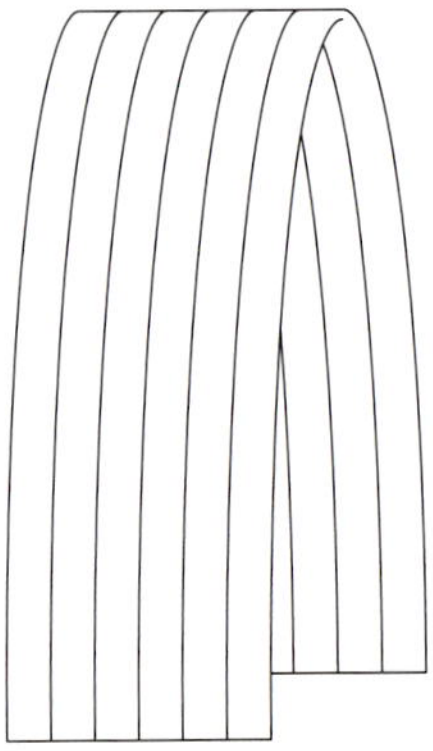

ゴム編みのシンプルなマフラー。

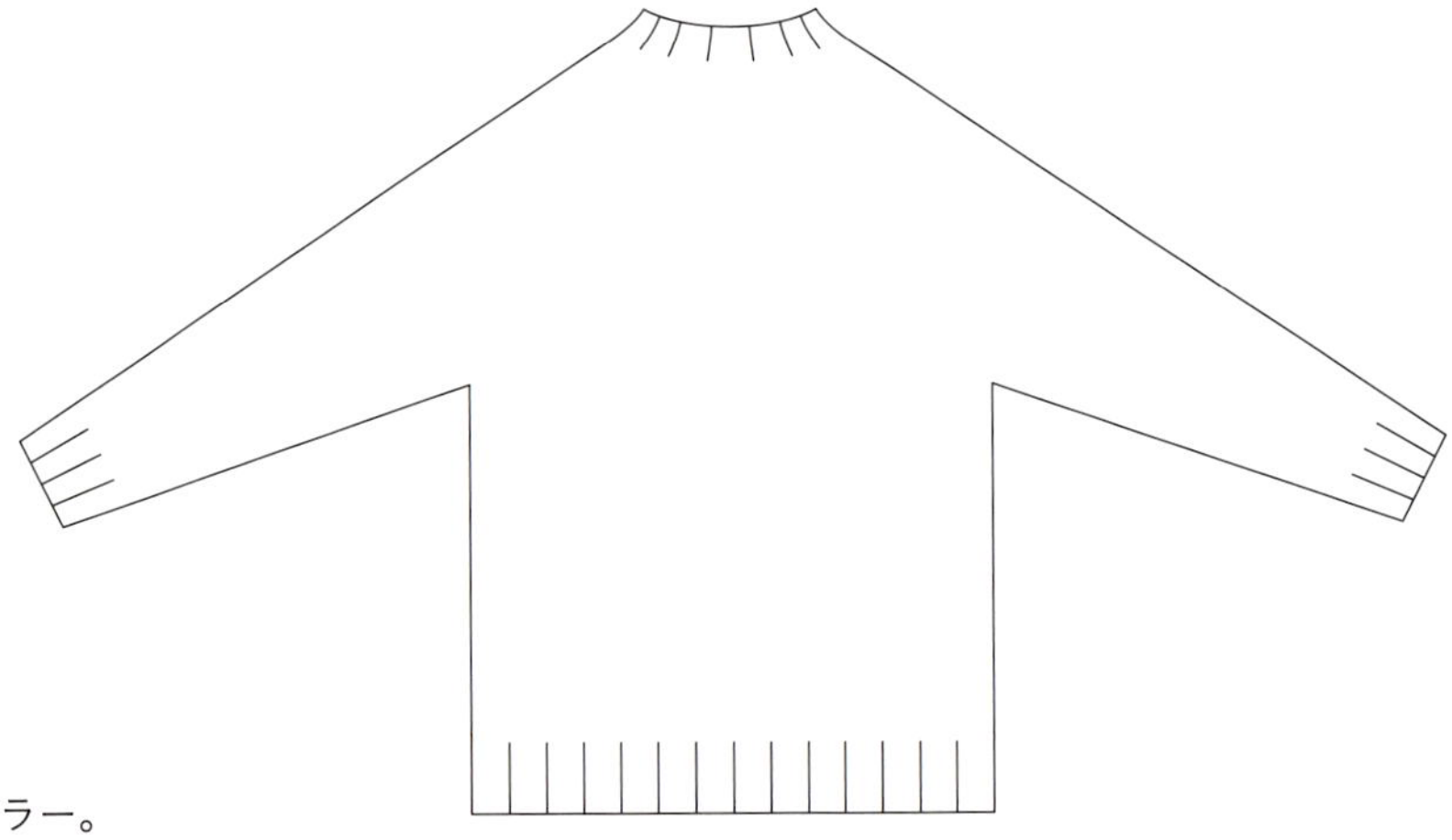

マフラーと同系色のセーター。

2. マフラーとセーターの裾をぬう

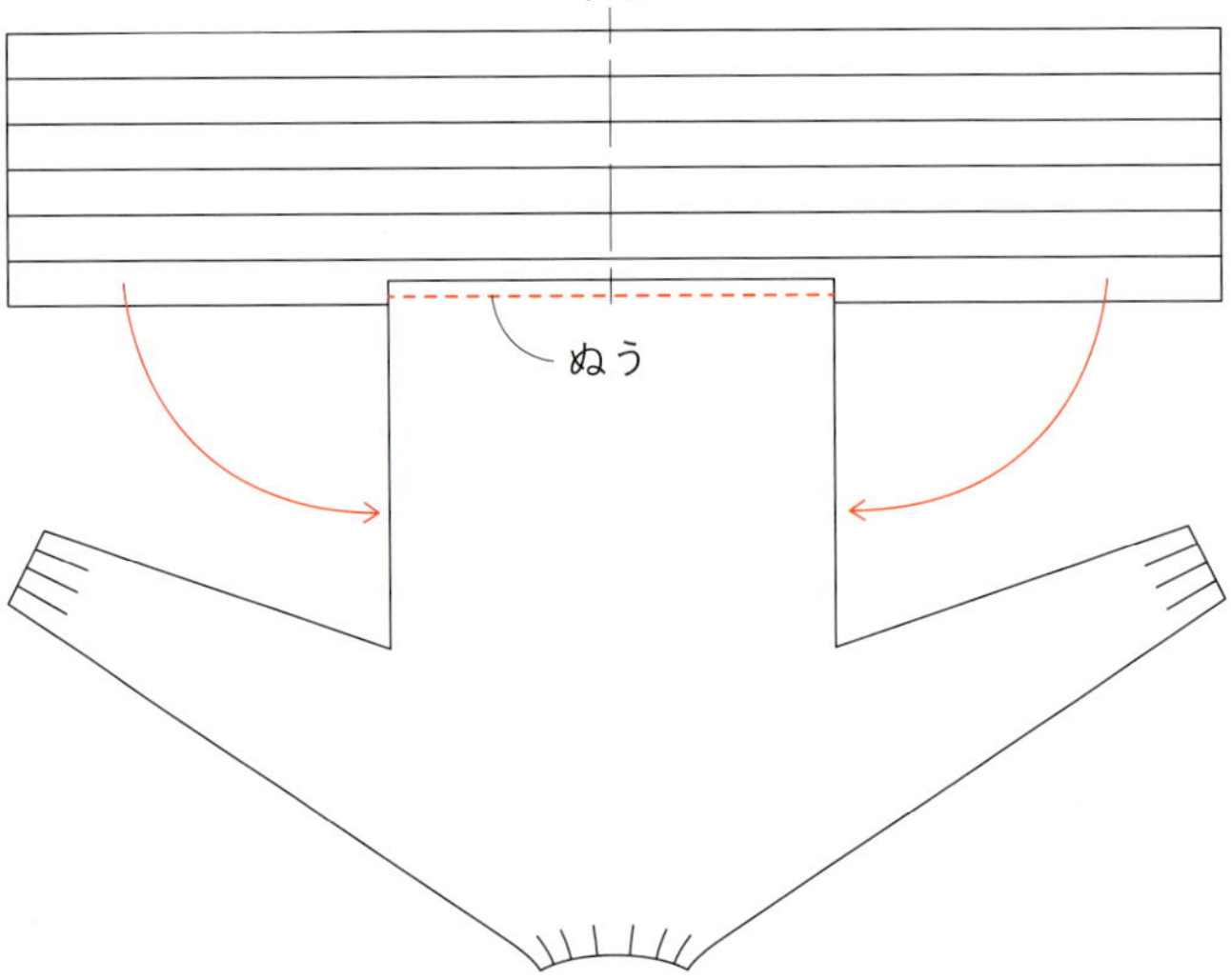

マフラーが長すぎる場合は、切って端の始末をする。巻きかがり、ブランケットステッチなど。

マフラーとセーターの中心を合わせて、裾とマフラーをぬい合わせる。
次に脇とマフラーを合わせる。

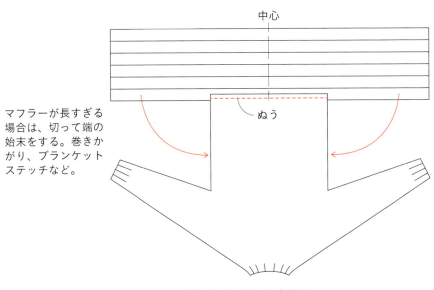

3. 脇をぬい合わせる

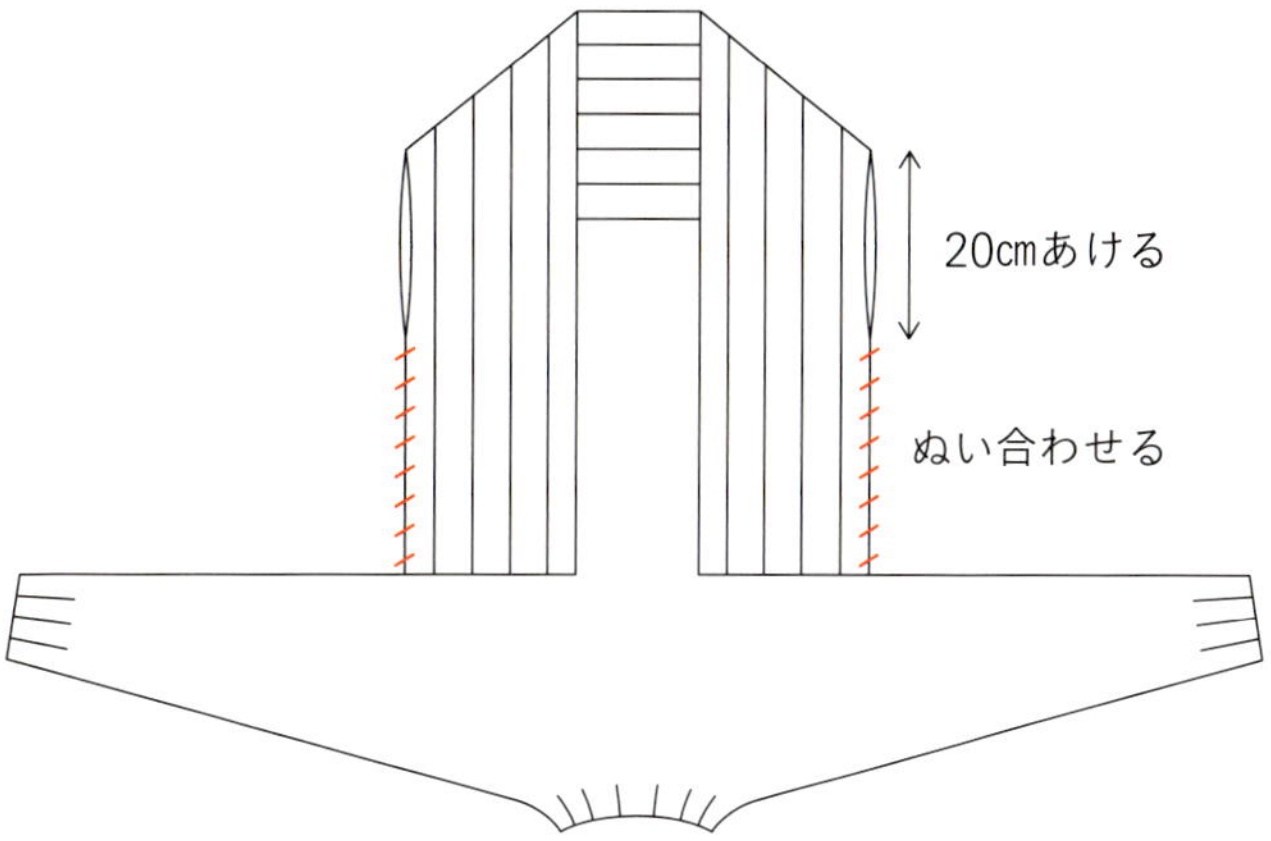

袖口を20cmあけて
脇をぬい合わせる。

4. ポケットを作る

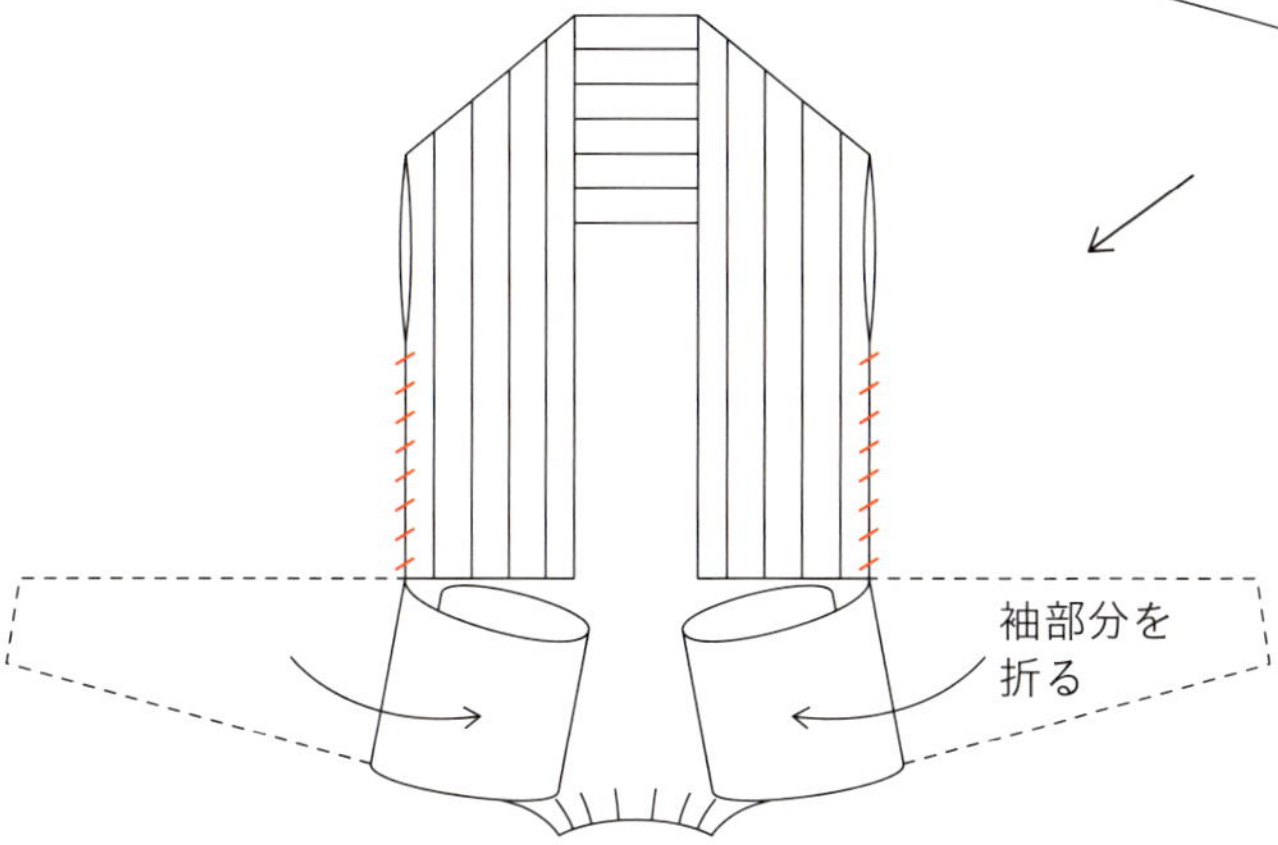

ポケットができるように、
マフラーの幅に合わせながら、
袖を裏側へ折る。

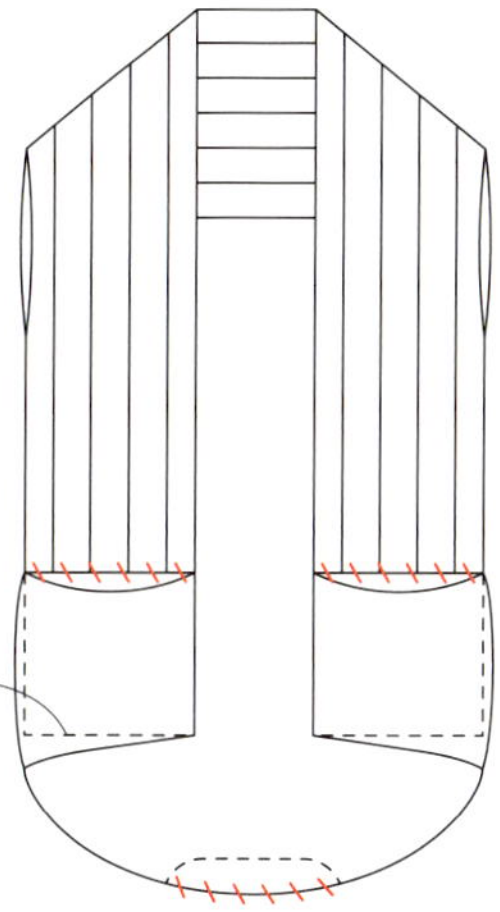

後ろ

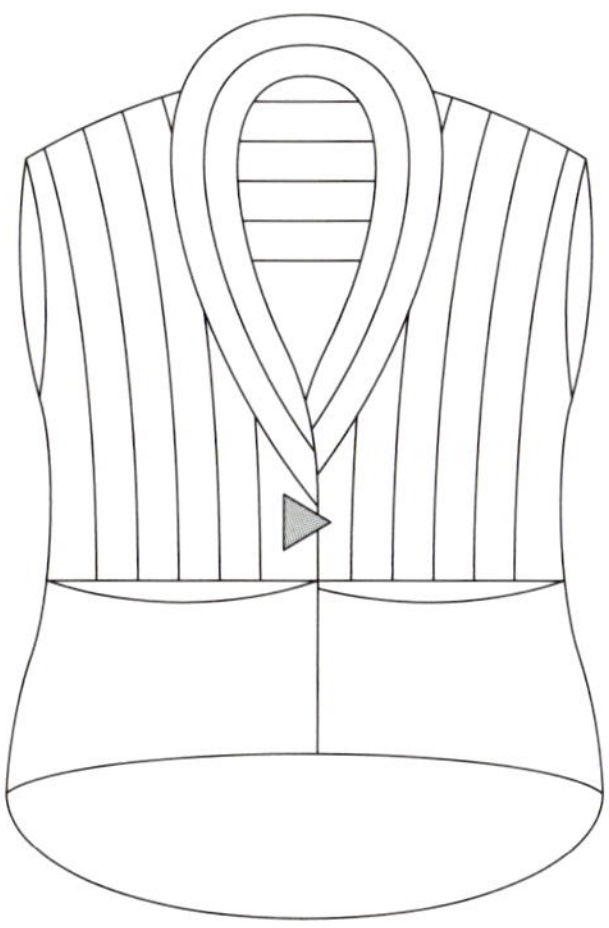

完成！

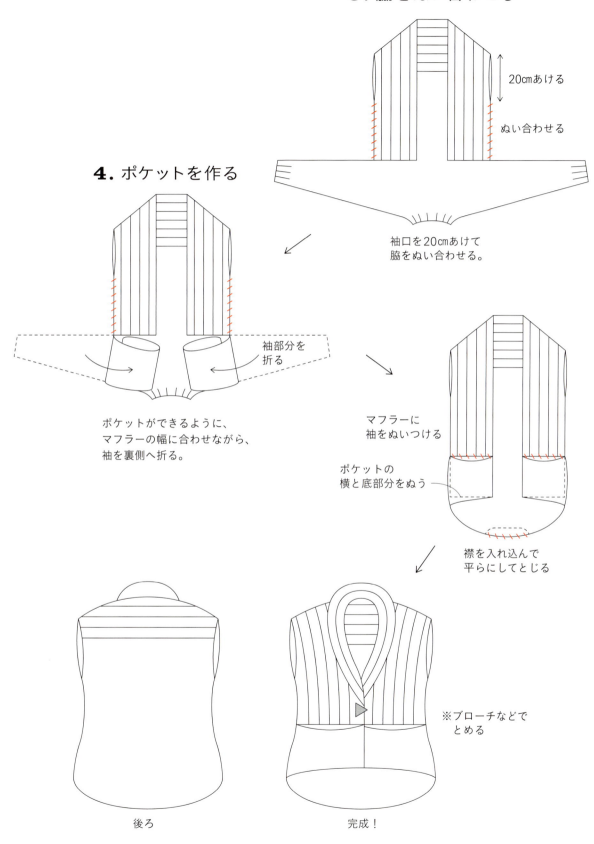

How to make p.54

小物3点セット

可愛い柄の薄手のセーターは
素材として使いやすく、
あれもこれも作りたくて迷います。
結局今回は、欲張って3点セットに。

How to make

小物3点セット

【材料】
セーター
無地のセーター
裏布用布

1. セーターの袖をほどき、カット

2. 手袋を作る

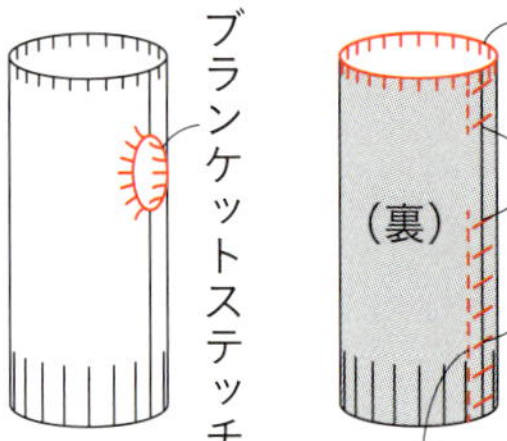

中表で二つに折り、
親指の穴を残して返しぬいする。
ほつれないよう巻きかがりする。
上部と親指の穴のまわりに
ブランケットステッチ。

3. スヌードを作る

スヌードの幅は多少
太い細いがあっても
大丈夫。首に巻けば
わかりません。

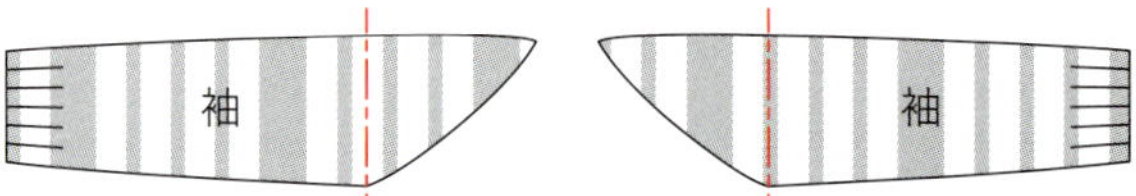

袖の肩山をカット。
袖下をほどいて開く。

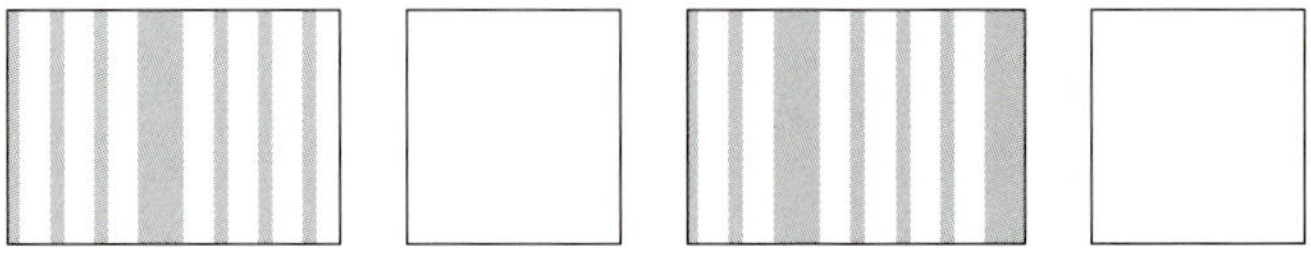

無地のセーターなどを組み合わせる。

中表にしてぬう。

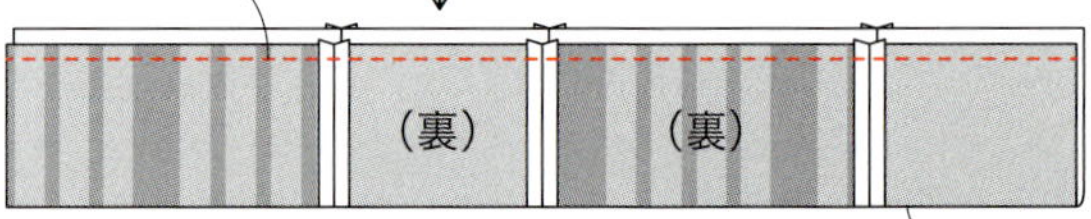

表に返し、
端を折り込んで
まつりぬい。

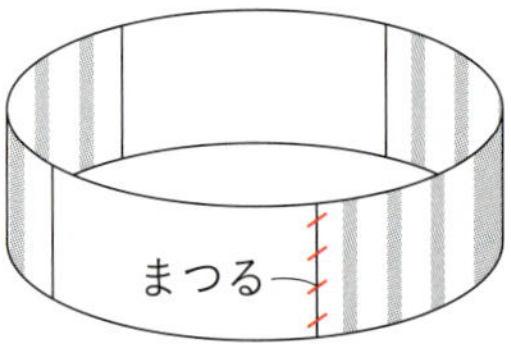

完成！

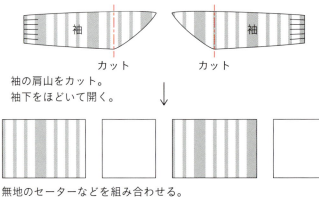

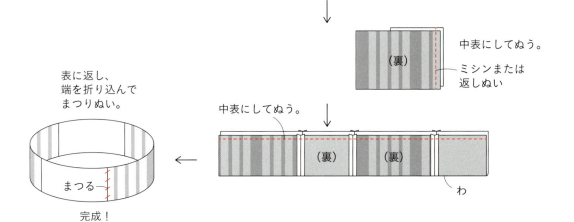

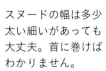

4. 手《て》提《さ》げを作る

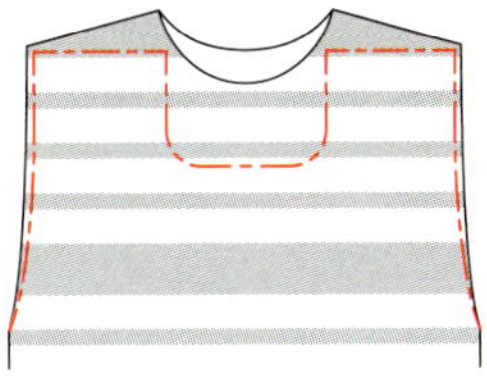

セーターの形を活かしながら、手提げの
持ち手の形に切る。裏布も同じ形に切る。

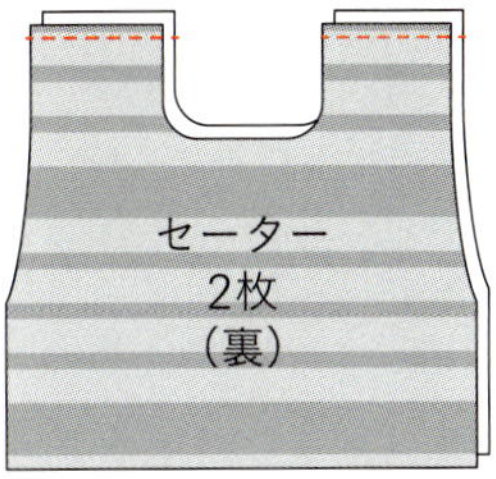

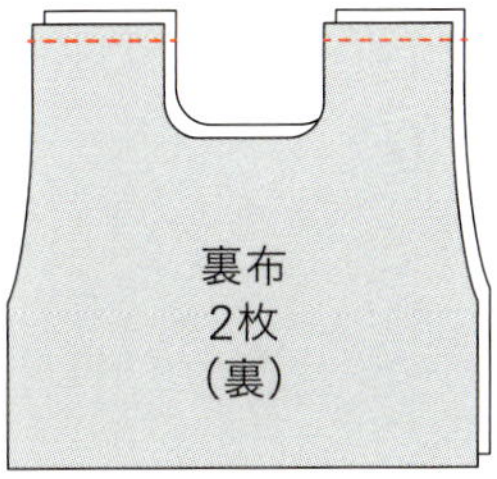

中表で持ち手部分をぬう。
裏布も中表で持ち手部分をぬう。

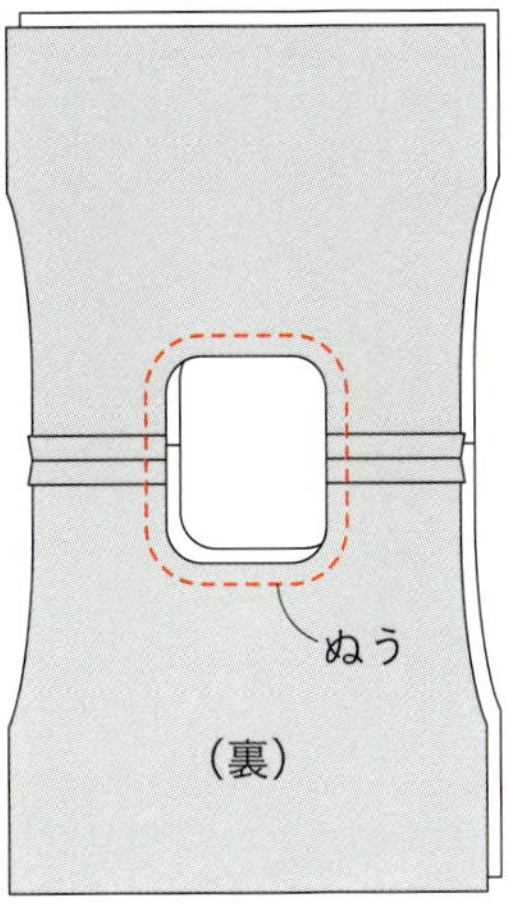

穴のまわりを
表布と裏布を中表でぬう。

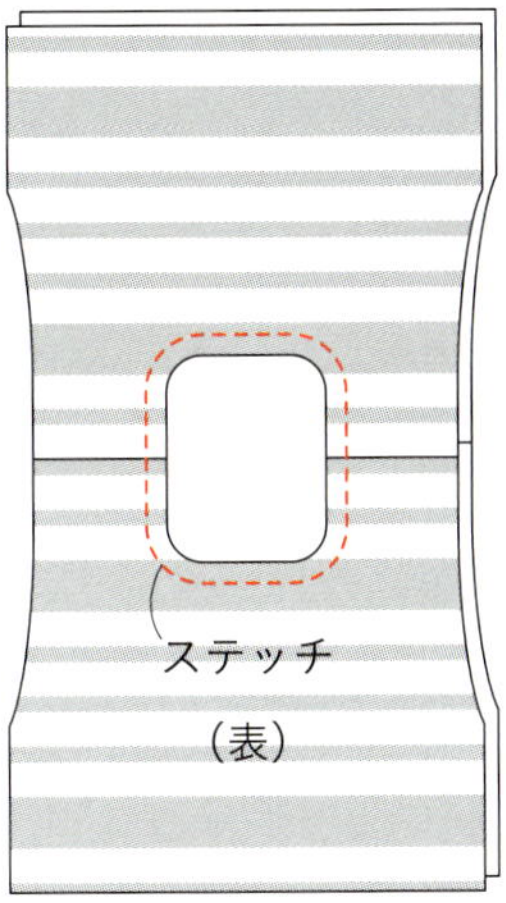

表に返して穴のまわりを
ステッチ。

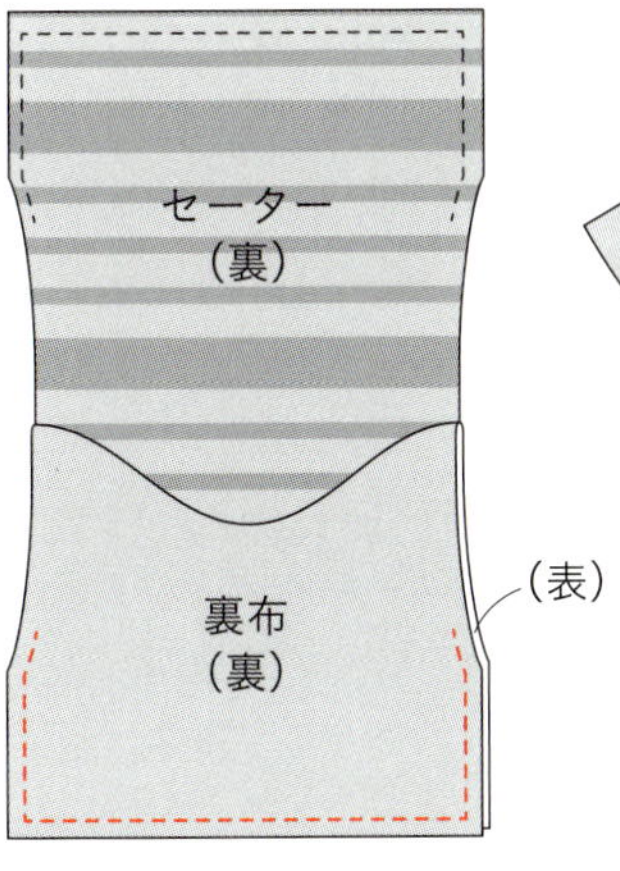

裏布どうしも中表に合わせて
サイドをぬう。

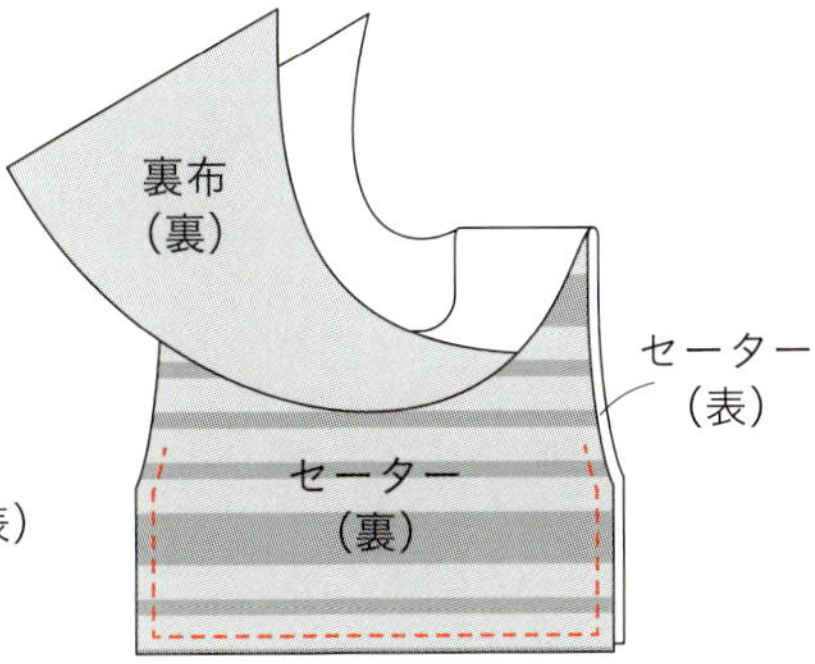

表布どうしを中表に合わせて
サイドと底をぬう。

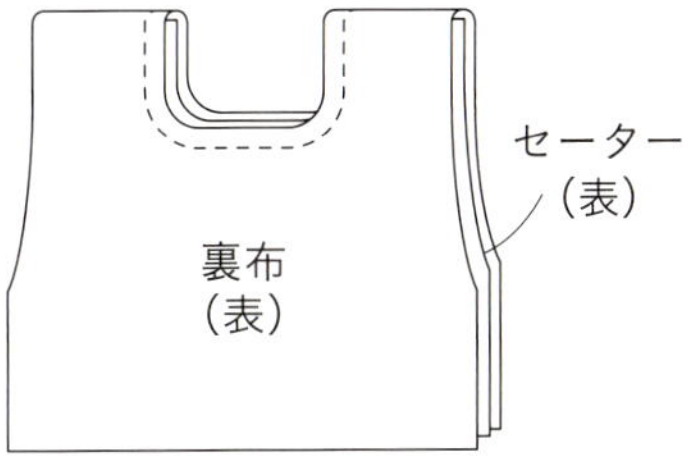

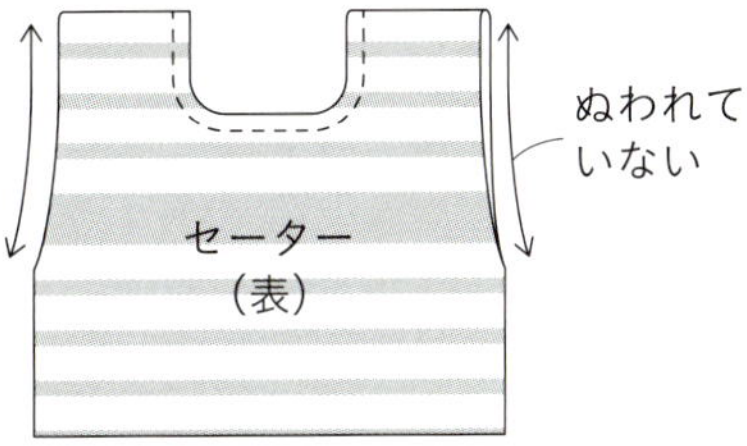

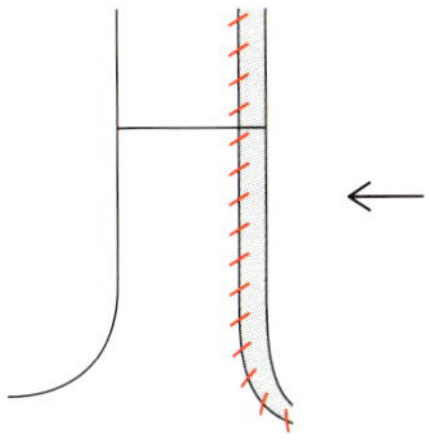

ぬい残したところから表に返して、
端を内側に折り込んでまつりぬい。

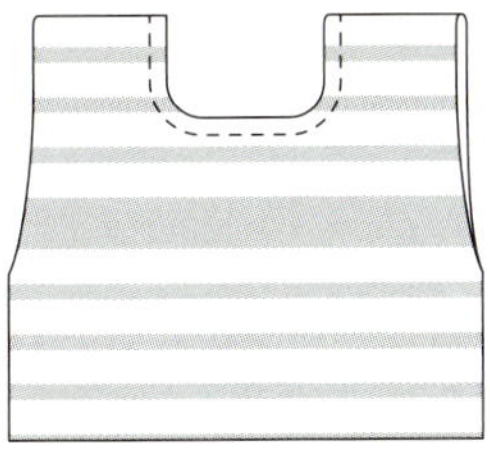

完成！

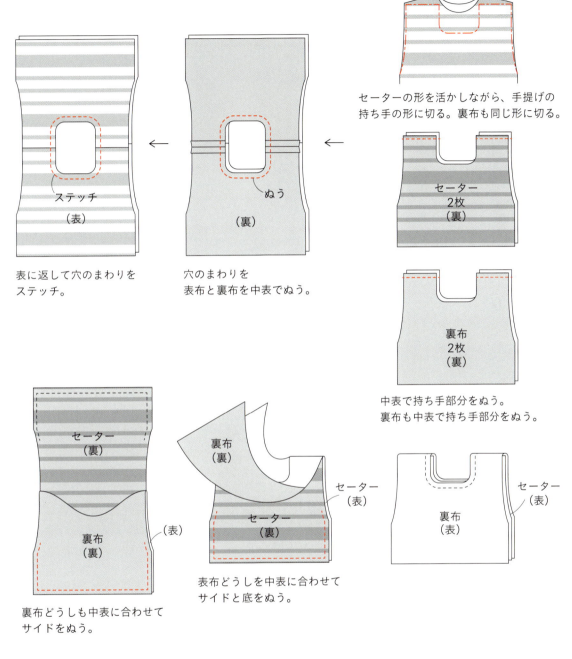

How to make p.57

リムつきカーディガン

リメイクしようと
ハサミを入れたセーターでしたが、
どうにもしっくりこなくて止まっていました。
他で使った緑色の端切れを持ってきたら、
やっと落ち着きました。

How to make

リムつきカーディガン

【材料】
セーターA
セーターB（端切れ）
伸縮性接着芯
綿
モヘア毛糸
フェルト

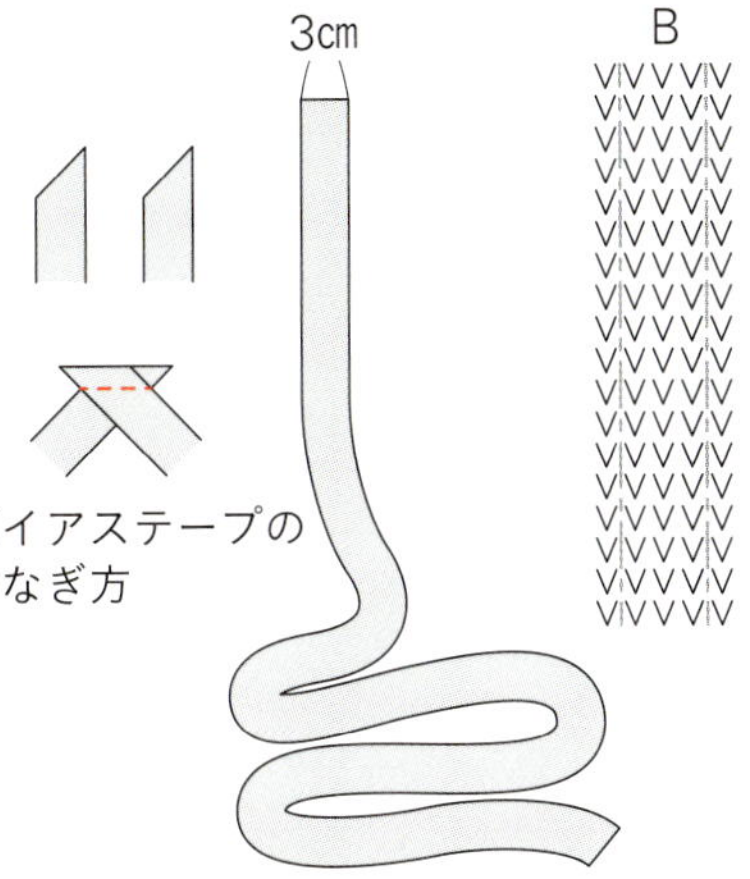

3cm
B

バイアステープのつなぎ方

セーターBを編み目に平行に
縦に3cm幅にカットしてつなぐ。

1. セーターAをカットする

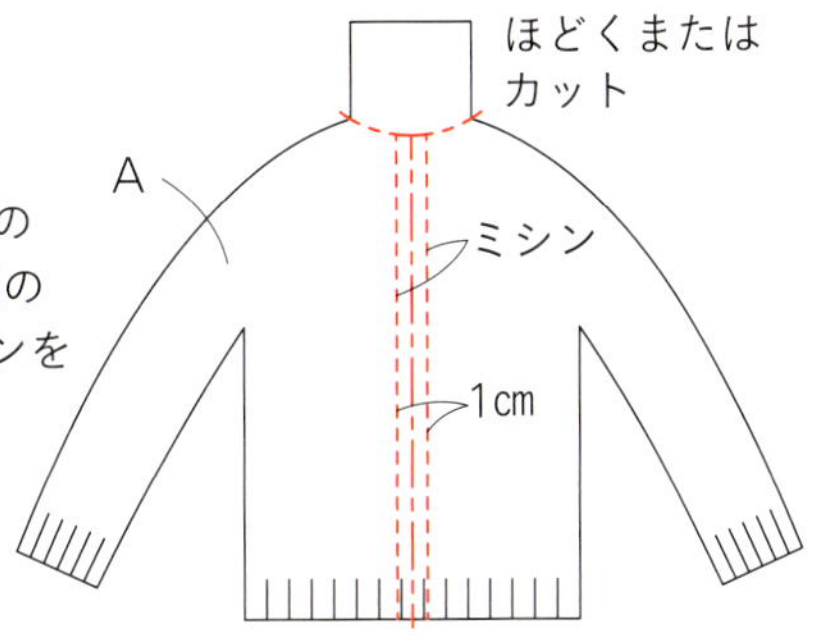

ほどくまたは
カット
A
ミシン
1cm
カット

本体用のセーターAの
襟をほどき、前身頃の
中心を1cm幅でミシンを
2本かけ、真ん中を
カットする。

2. まわりを縁取り

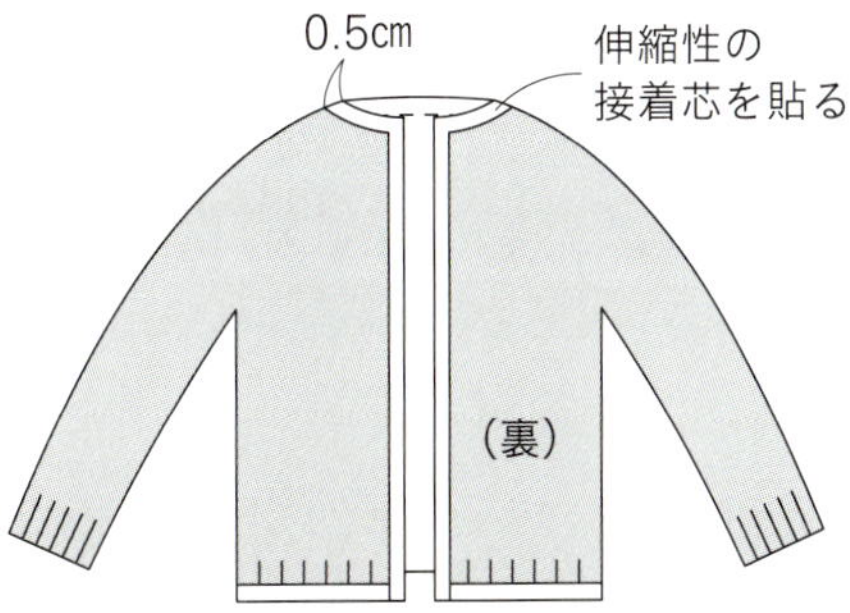

0.5cm
伸縮性の
接着芯を貼る
（裏）

前端と裾、首まわりに伸縮性の接着芯を貼る。

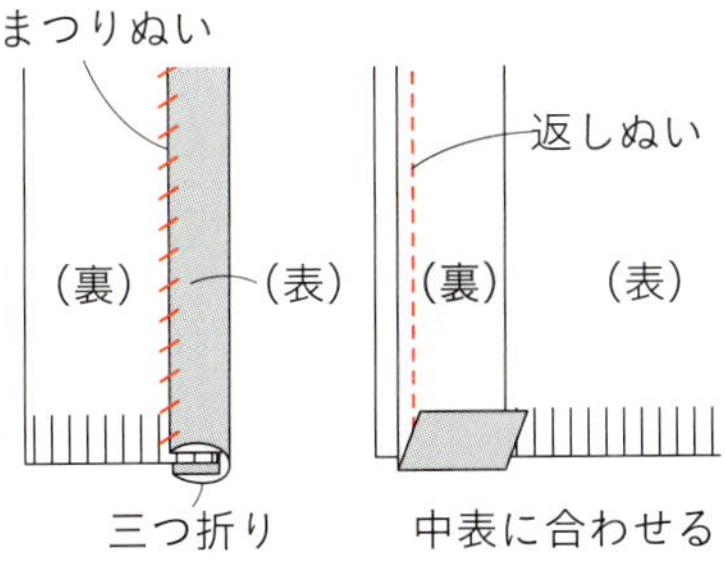

まつりぬい
返しぬい
（裏）
（表）
（裏）
（表）
三つ折り
中表に合わせる

Bを中表に合わせて返しぬいし、
裏へ三つ折りしてまつりぬいする。
接着芯が見えないように気をつける。

3. セーターBでブローチを作る

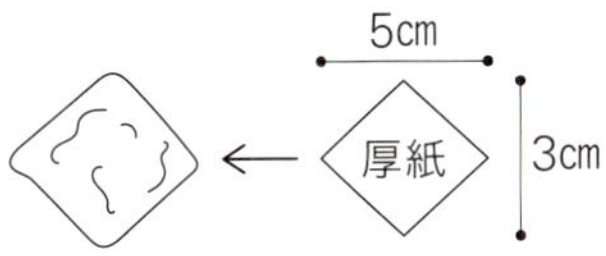

5cm
厚紙
3cm

厚紙を切り、綿などで
包みふんわりさせる。

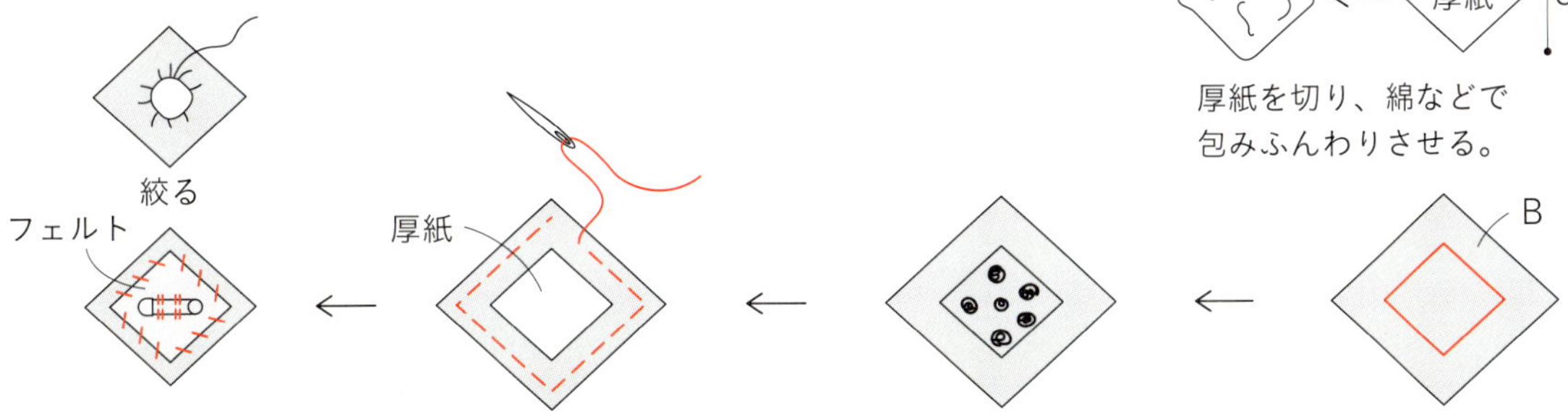

B
絞る
フェルト
厚紙

大きめに切った
Bにチャコペンで
厚紙のサイズを写す。

セーターの糸やモヘアを
フェルティングニードルで刺す。
ランニングステッチをプラス。

裏返して、まわりを
ぐしぬいし、厚紙を
のせる。

フェルトをあてて
まつりぬい。
ブローチピンをつける。

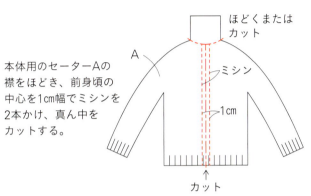

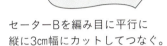

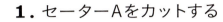

How to make p.60

パッチワークニットのブランケット

リメイクすると、どうしても端切れが出ます。
たくさん溜まったらブランケットにしたらいかがでしょう。
神経質にならず、ザクザクとミシンでぬって大丈夫。

How to make p.61

湯たんぽカバー

セーターの袖の形は
バッグを作るのにちょうどいい形。
今回は湯たんぽカバーにしましたが、
口布を持ち手にすれば
手《て》提《さ》げバッグにもなります。

How to make

パッチワークニットのブランケット

【材料】
セーターの端切れ
裏布用布
※薄手ニットやガーゼなど、やわらかいものがおすすめ

1. セーターの端切れをぬい合わせる

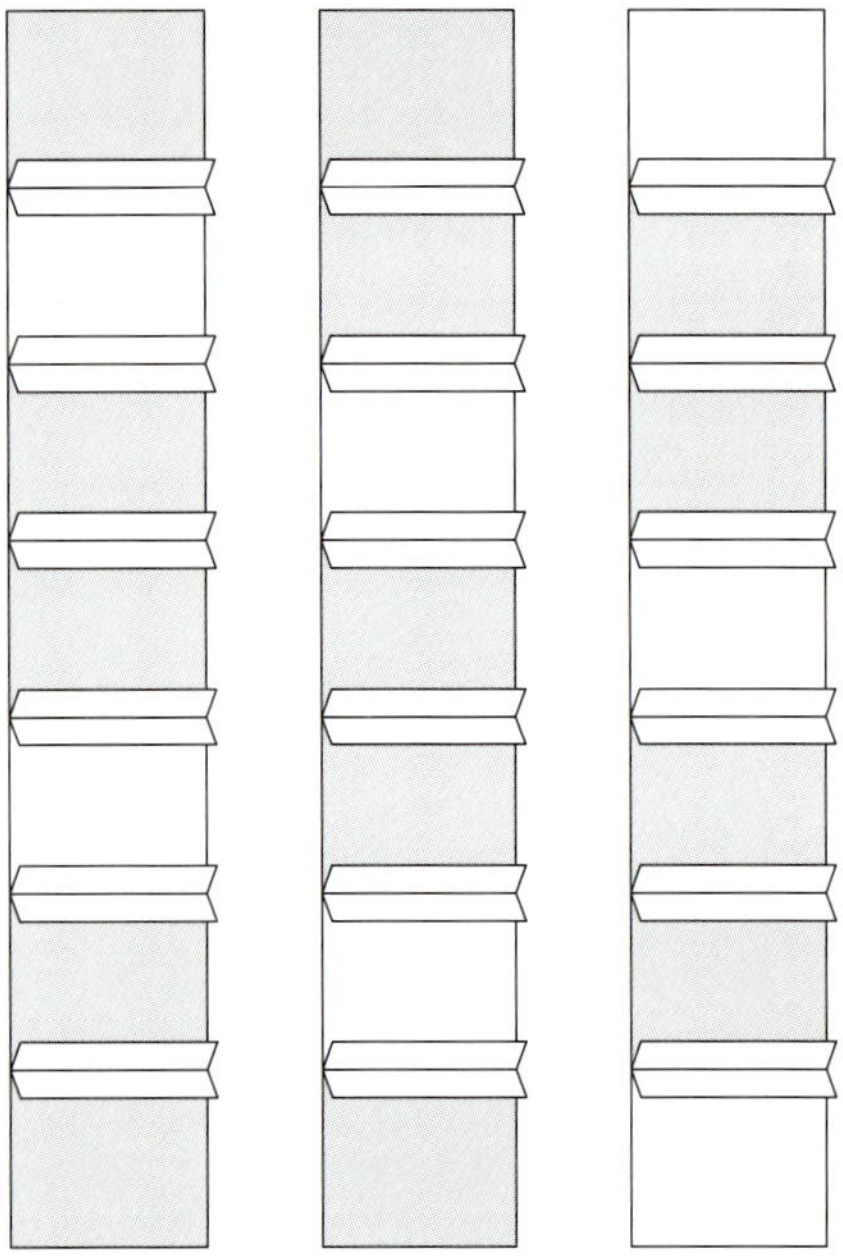

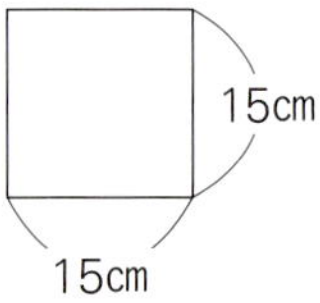

セーターの端切れを15cm×15cmに切ってはぎ合わせる。
まず縦につなぎ、次に横につなぐ。

2. 裏布とぬい合わせ、表に返す

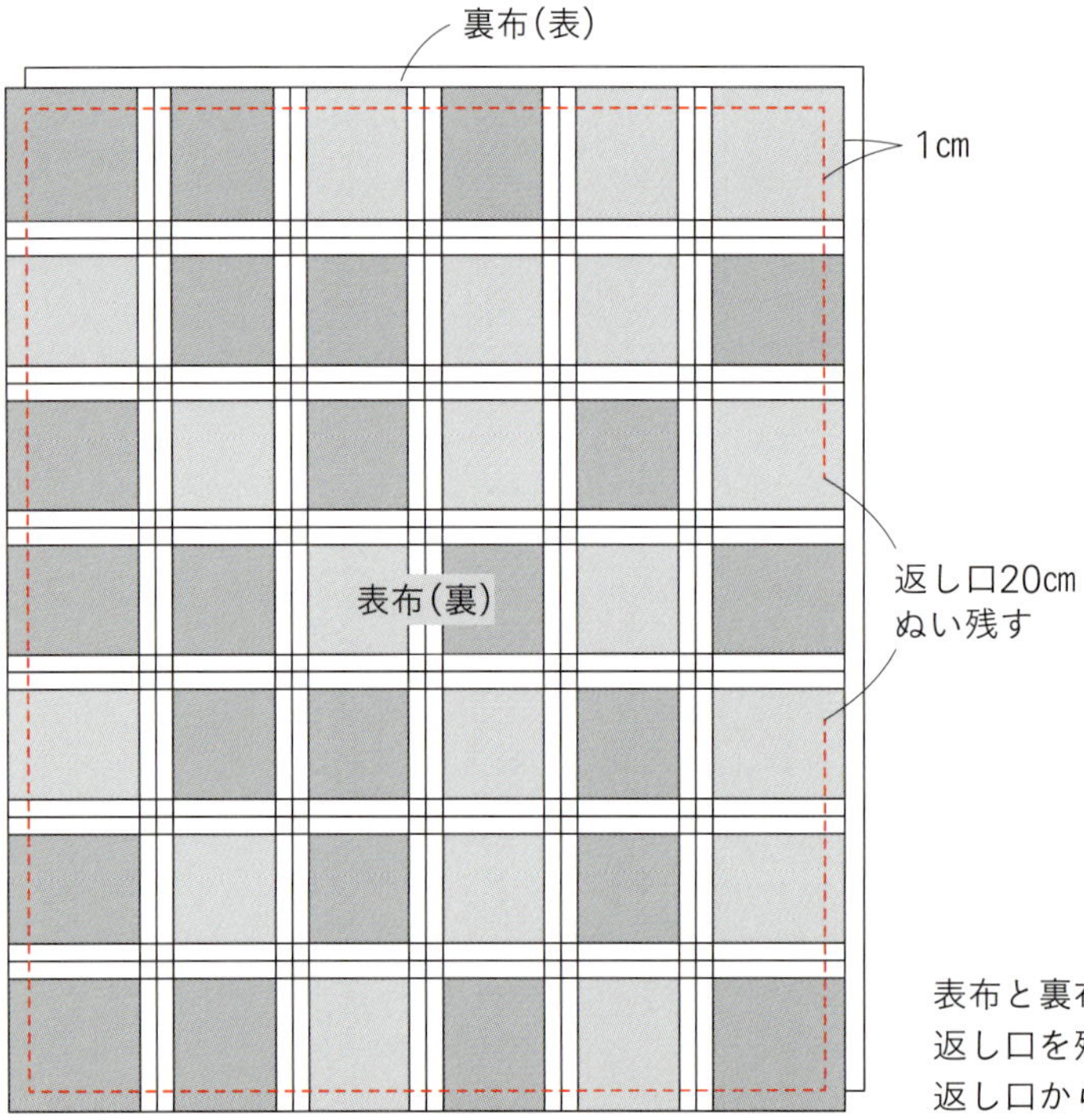

表布と裏布を中表に合わせて、
返し口を残してぬい合わせる。
返し口から表に返して、返し口をまつる。

How to make

湯たんぽカバー

【材料】
セーターの袖　2枚
ひも（セーターの端切れ）

1. 袖から袋布を切り取る

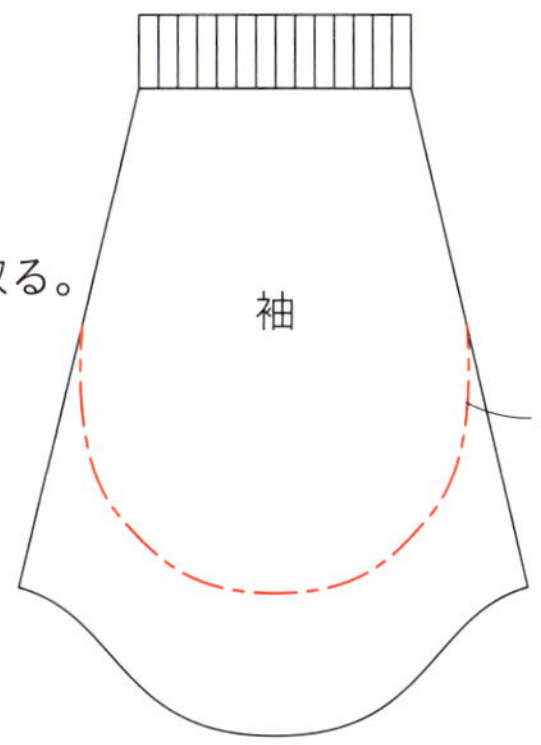
両袖から切り取る。
2枚できる。
袖
カット

2. 2枚を中表で縫い合わせる

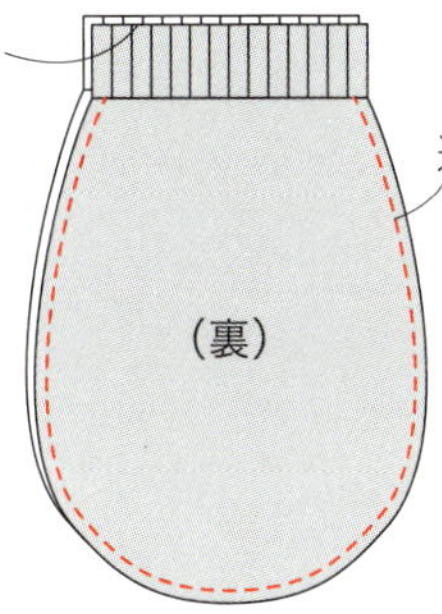
袖口の部分は
ぬわない
返しぬい（裏）
（裏）

切り取った2枚を
中表でぬい合わせる。

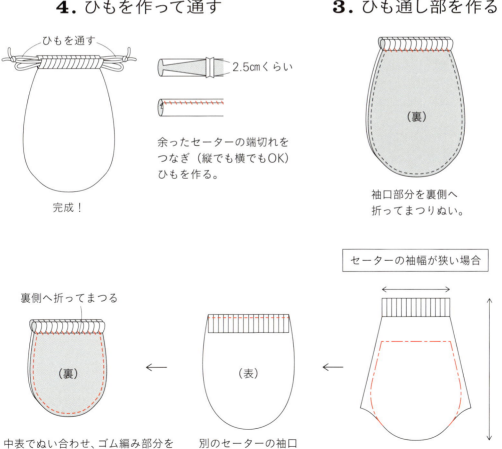

3. ひも通し部を作る

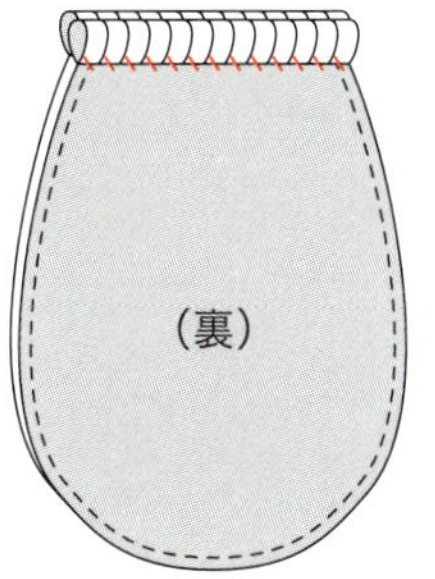
（裏）

袖口部分を裏側へ
折ってまつりぬい。

4. ひもを作って通す

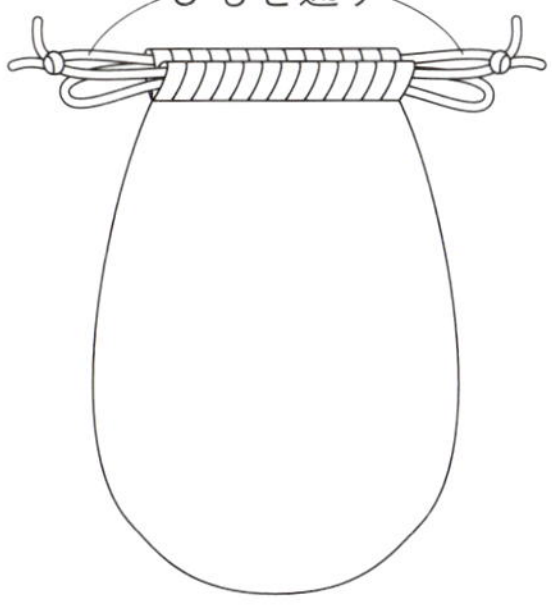
ひもを通す

完成！

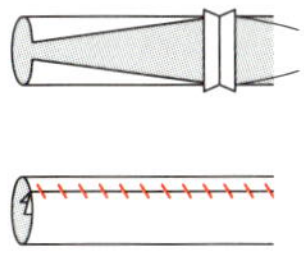
2.5㎝くらい

余ったセーターの端切れを
つなぎ（縦でも横でもOK）
ひもを作る。

セーターの袖幅が狭い場合

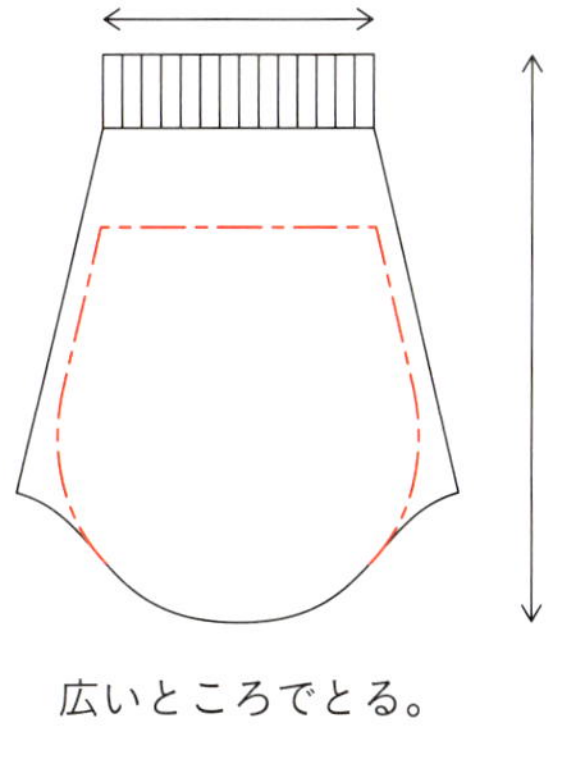

広いところでとる。

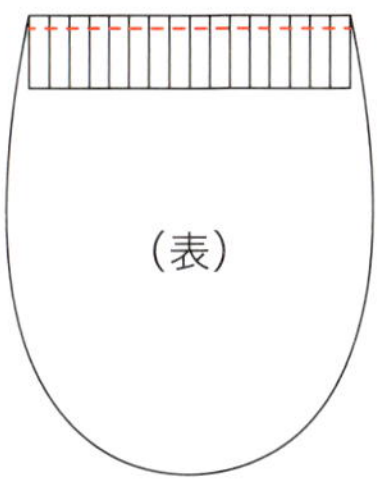
（表）

別のセーターの袖口
部分をぬい合わせる。

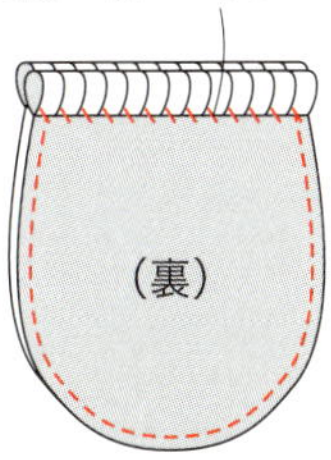
裏側へ折ってまつる
（裏）

中表でぬい合わせ、ゴム編み部分を
裏へ折ってまつる。

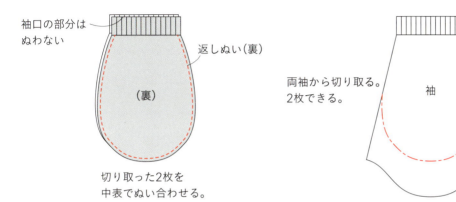

How to make p.63

パッチワークのプルオーバーニット

ちょっとインパクトのあるセーターが欲しくて
端切れを大胆につぎはぎをしてみました。
はぎ合わせる糸も毛糸を使い、ザクザクと大きな針目に。

How to make

パッチワークのプルオーバーニット

【材料】
セーターの端切れ
セーターの襟・袖
伸縮性接着芯

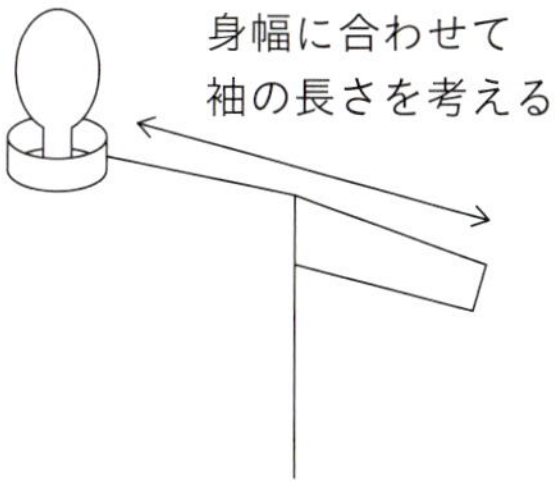
身幅に合わせて
袖の長さを考える

1. セーターの端切れをぬい合わせる

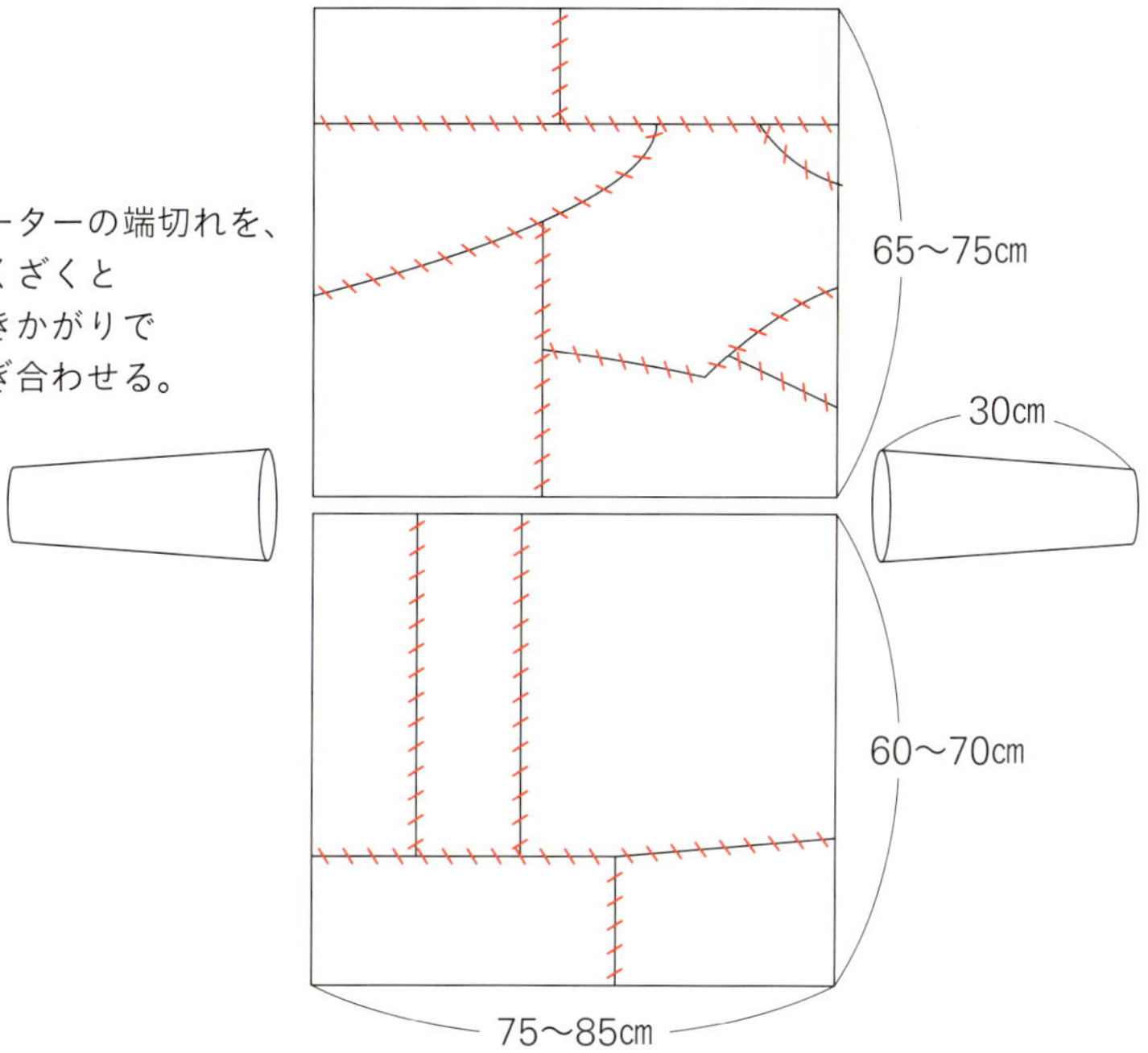
セーターの端切れを、
ざくざくと
巻きかがりで
はぎ合わせる。
65〜75cm
30cm
60〜70cm
75〜85cm

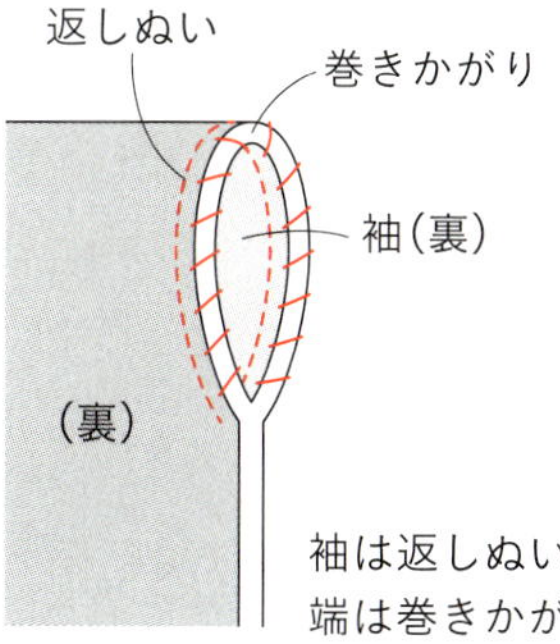
返しぬい
巻きかがり
袖(裏)
(裏)

袖は返しぬいでぬい合わせ、
端は巻きかがりする。

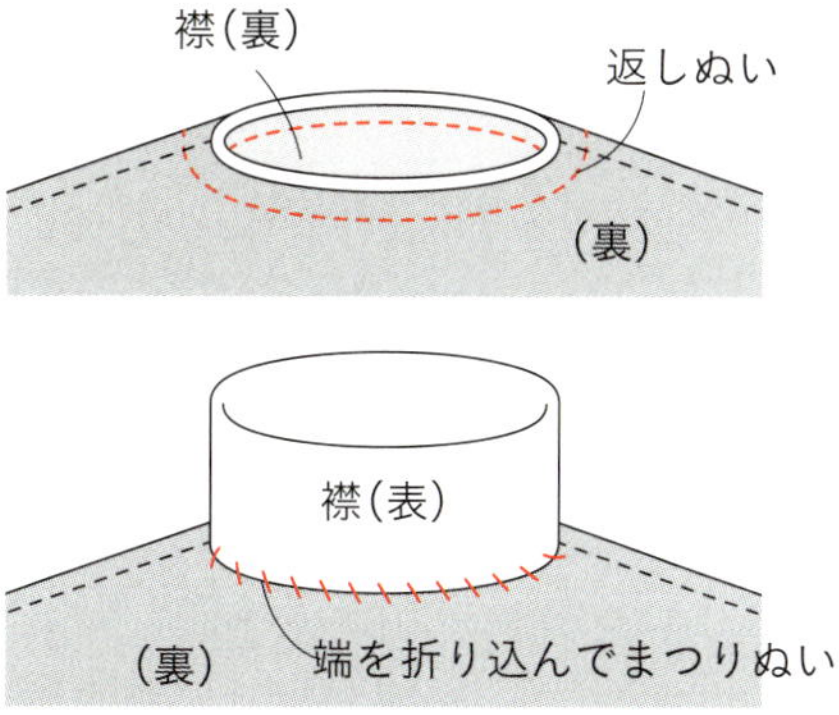
襟(裏)
返しぬい
(裏)
襟(表)
(裏)
端を折り込んでまつりぬい

身頃と襟を中表に合わせて返しぬい。
襟を裏側に折り、端を折り込んで
まつりぬい。

2. 脇をぬい、袖と襟をつける

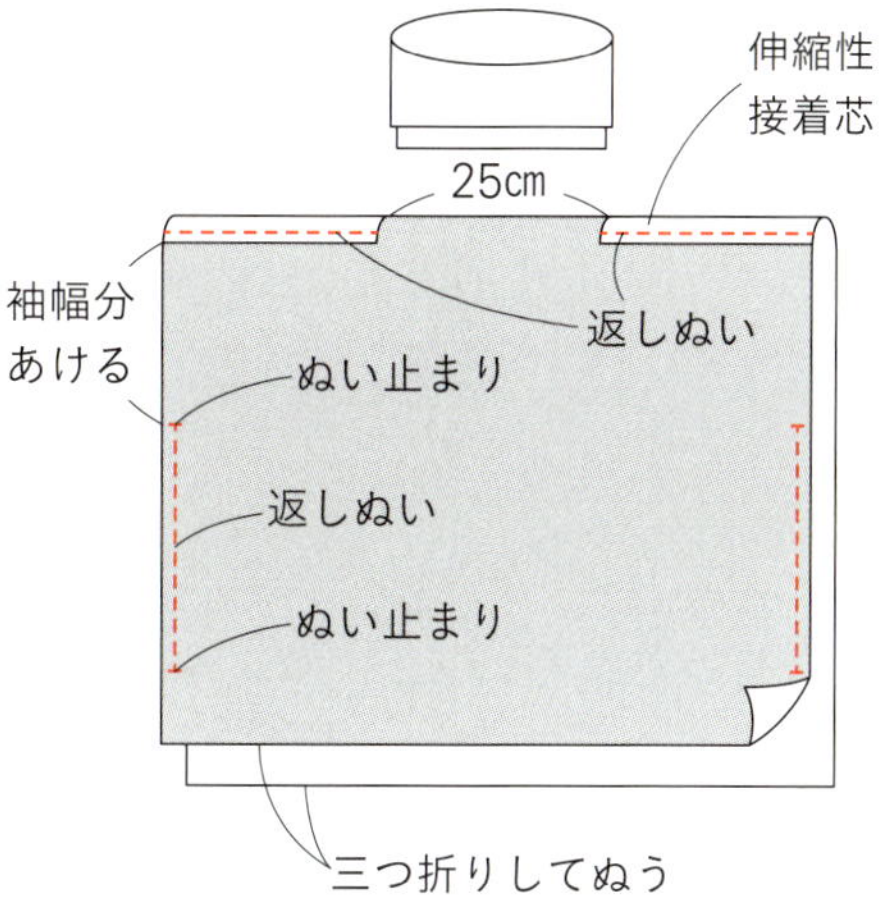
伸縮性
接着芯
25cm
袖幅分
あける
返しぬい
ぬい止まり
返しぬい
ぬい止まり
三つ折りしてぬう

・襟幅分あけて肩に接着芯を貼り、
ぬい合わせる。
・袖幅分あけて脇をぬい合わせる。
・裾とスリットは三つ折りしてぬう。

Part 3

いろいろな
お繕い

すり切れたり、穴があいたらお繕いします。そんなお繕いも、楽しみながら、可愛く仕上げてみませんか。お気に入りのセーターが虫に食われていたらショックですが、それはそれ、逆手にとって素敵にお直ししましょう。お繕いすることによって、新しく生まれ変わります。

How to make p.68

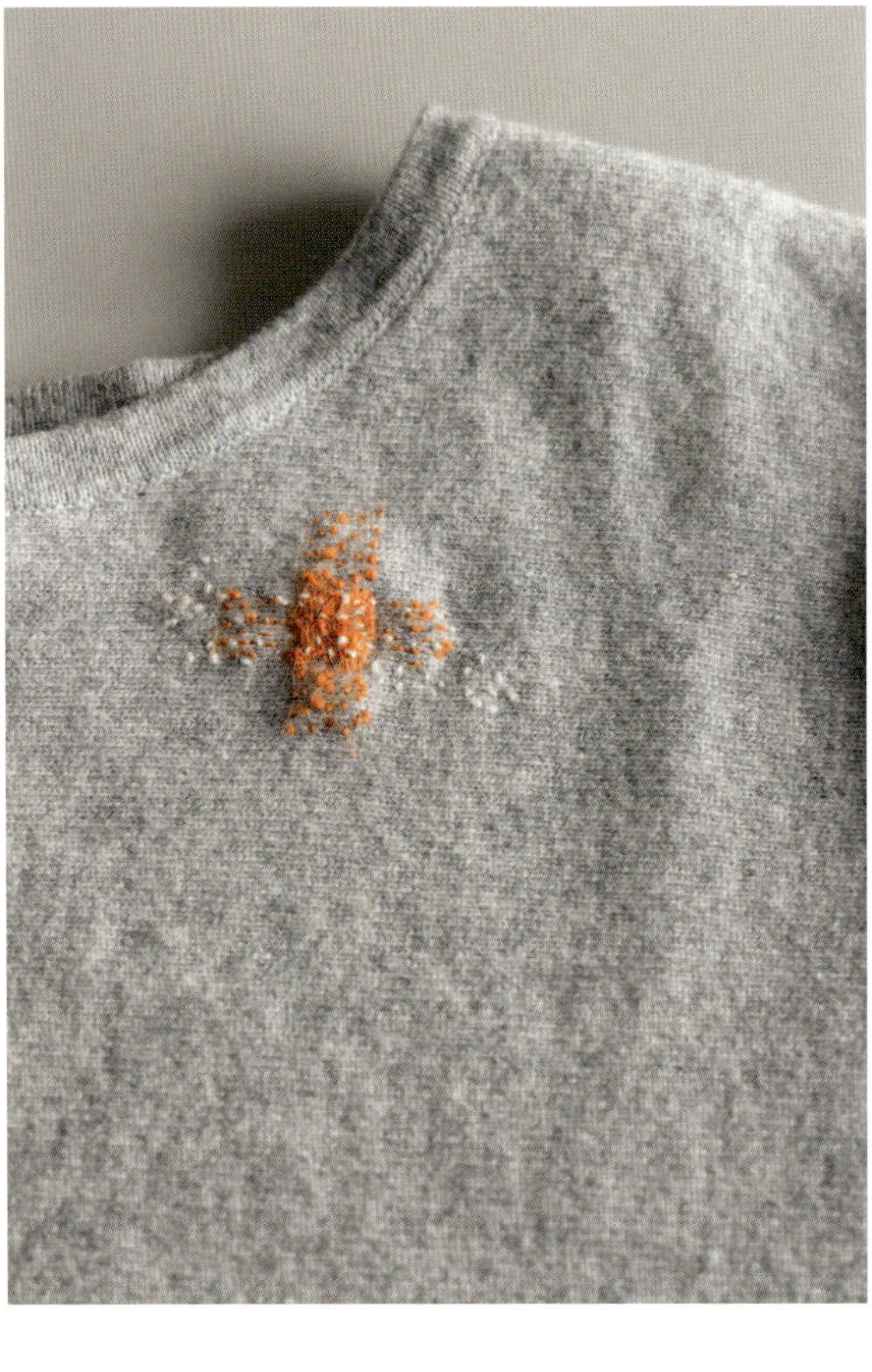

いろいろなダーニング

装飾ダーニングという手法を知ったとき、
こんなに可愛くて素敵な
お繕いがあるのかと感動しました。
難しいステッチは必要ありません。
基本のステッチさえ覚えたらあとは自由自在。
いろんな糸を組み合わせて楽しんでください。

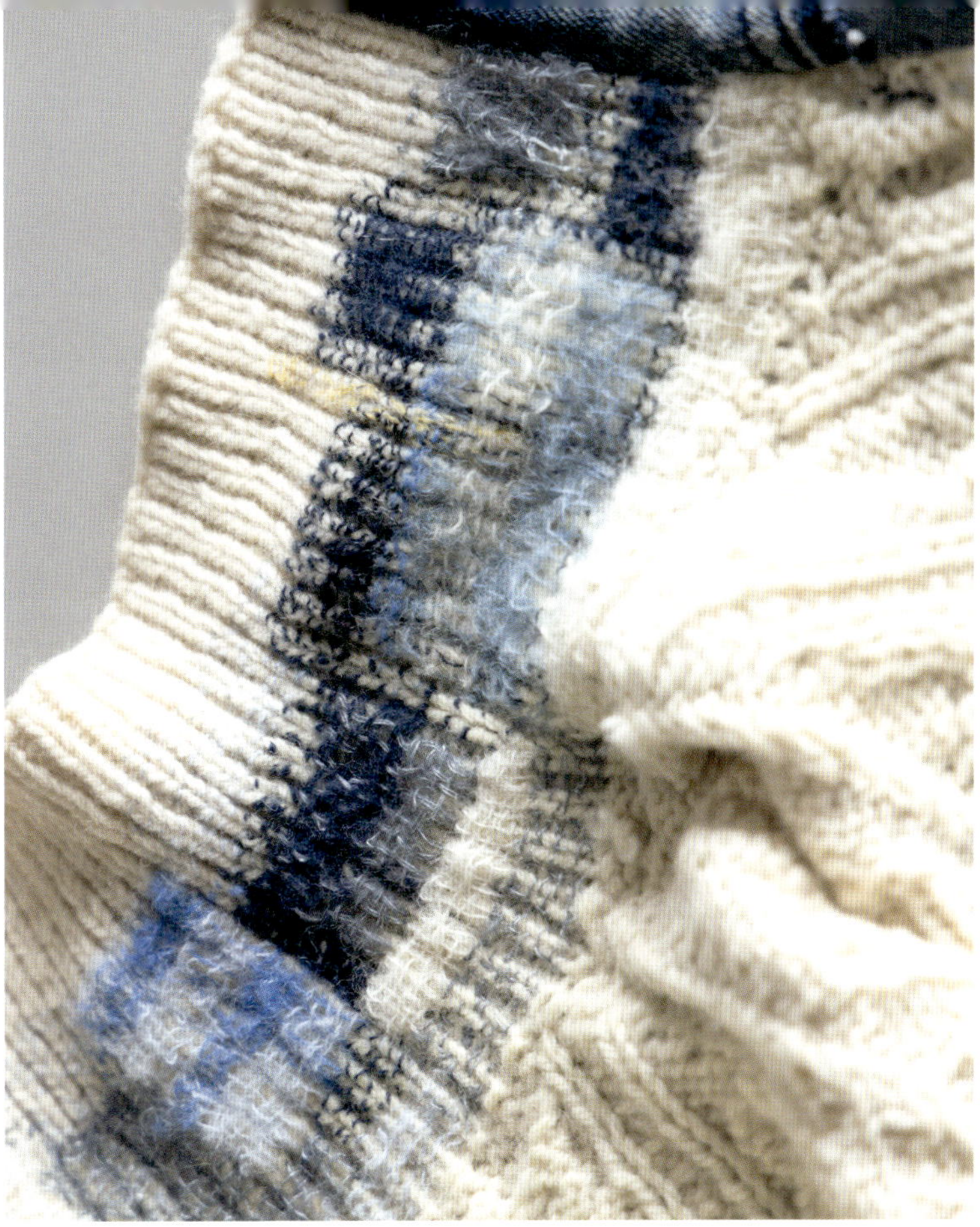

ダーニングを楽しむ

ダーニングは英語の「darn」からきています。

「darn」の意味は「ほころびをかがること」。

ここでは、いろいろと試したダーニングをご紹介します。

ダーニングの面白さを体験してください。

くつ下の薄くなったところに

◎ランニングステッチで

チクチクとしたぬい目を何本も刺す。

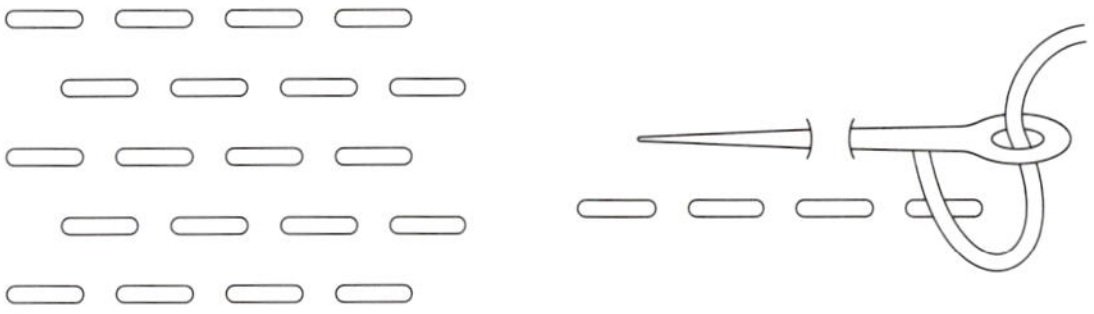

◎バックステッチで

よりしっかり丁寧にぬいたいときは、バックステッチ(返しぬい)で行ったり来たり何本も刺す。

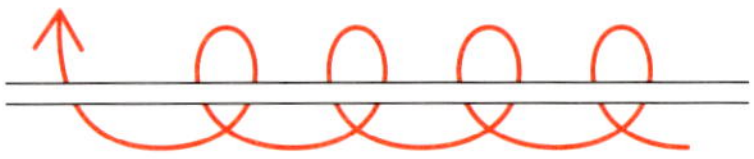

◎穴があいたところにはバスケットステッチ

縦に糸を渡したら、渡した糸の上下をくぐらせるように横糸を渡す。

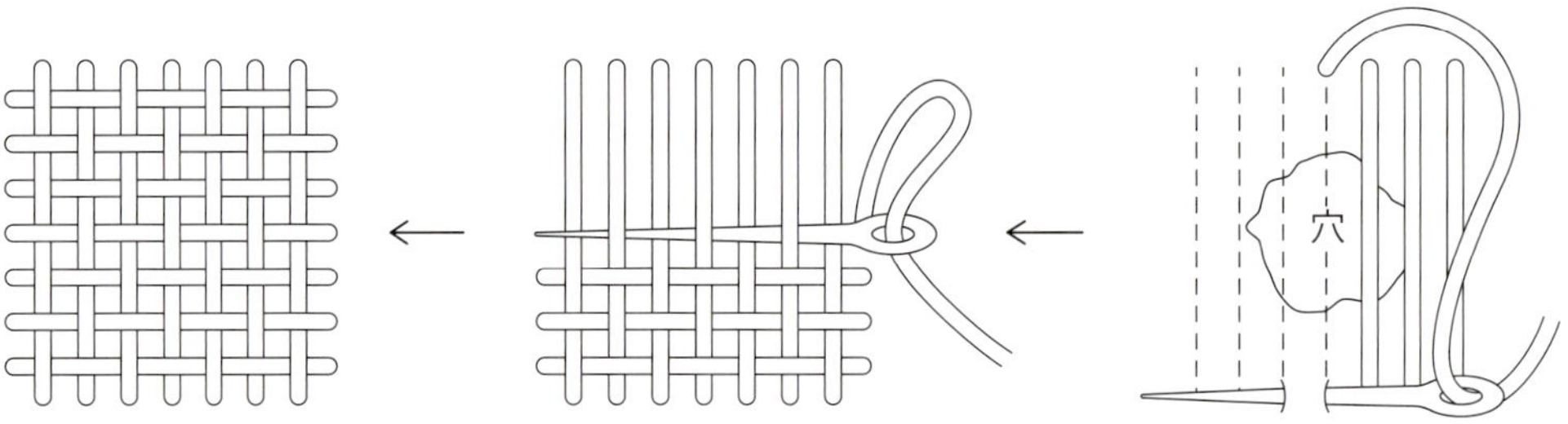

襟の黄ばみをモヘア毛糸でカバー

◎広い面積を埋めたいときは

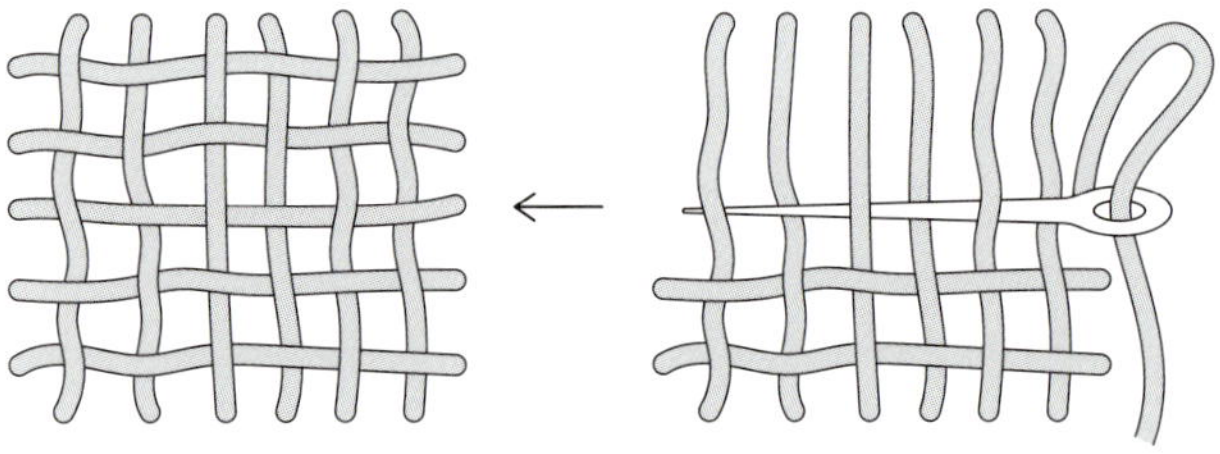

毛足の長いモヘア糸をゆるく縦横に渡すと楽。縦横の糸を違う色の糸にしても面白い。糸を渡すとき、ときどきセーターも一緒にすくうとダーニングが安定する。

虫食い部分をブランケットステッチ

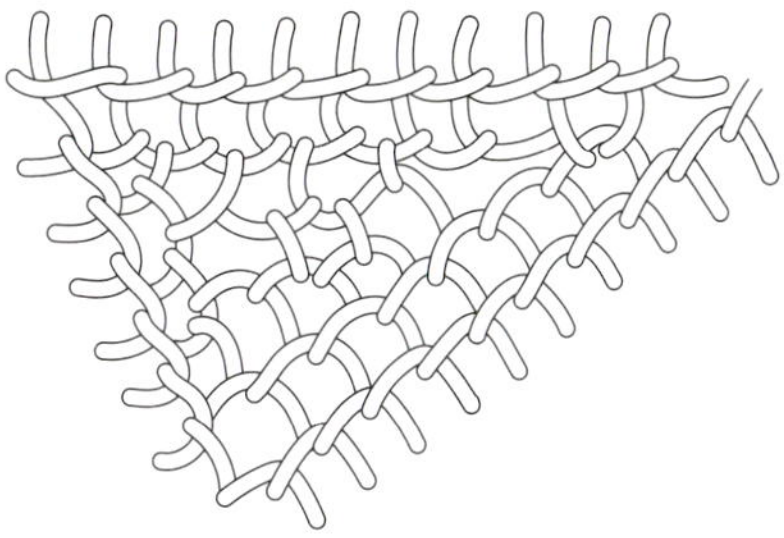

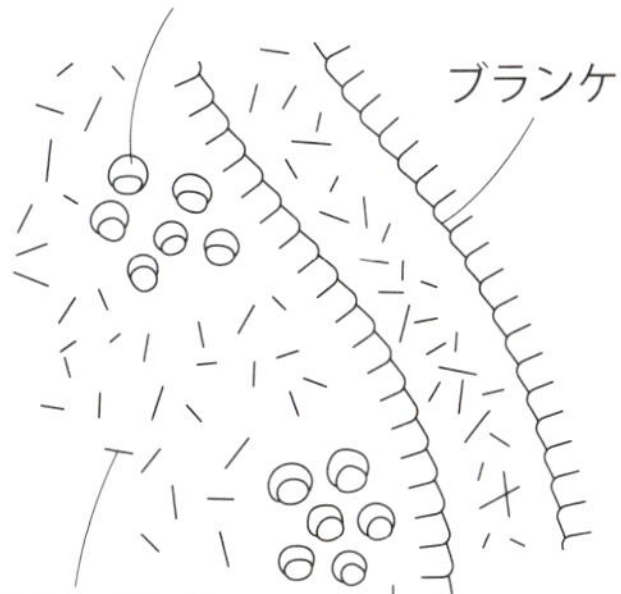
フレンチノットステッチ
ブランケットステッチ
ランダムにステッチ

細かなステッチとフレンチノット刺しゅうなど

◎フレンチノットステッチ

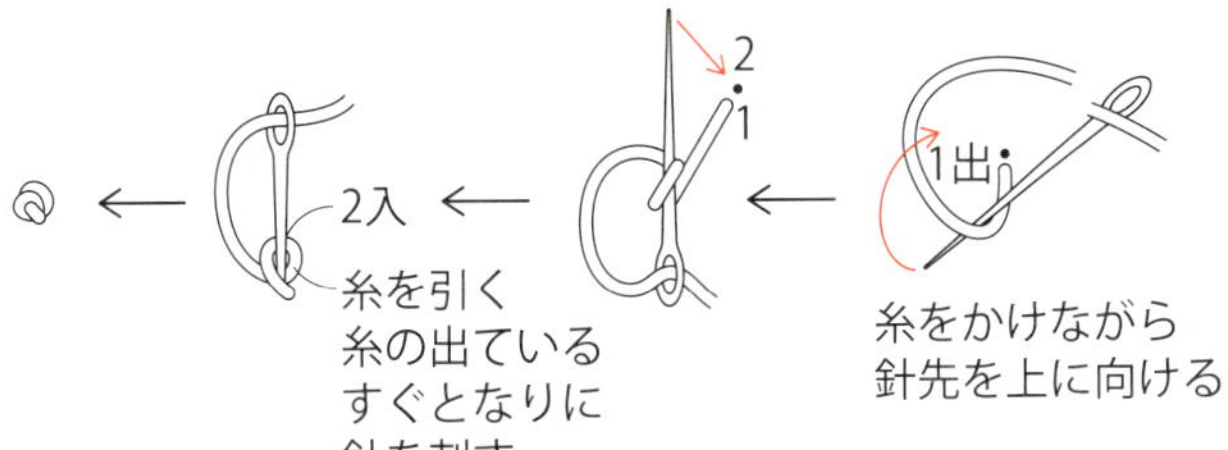
2
1
1出
糸をかけながら
針先を上に向ける
2入
糸を引く
糸の出ている
すぐとなりに
針を刺す

◎小花模様

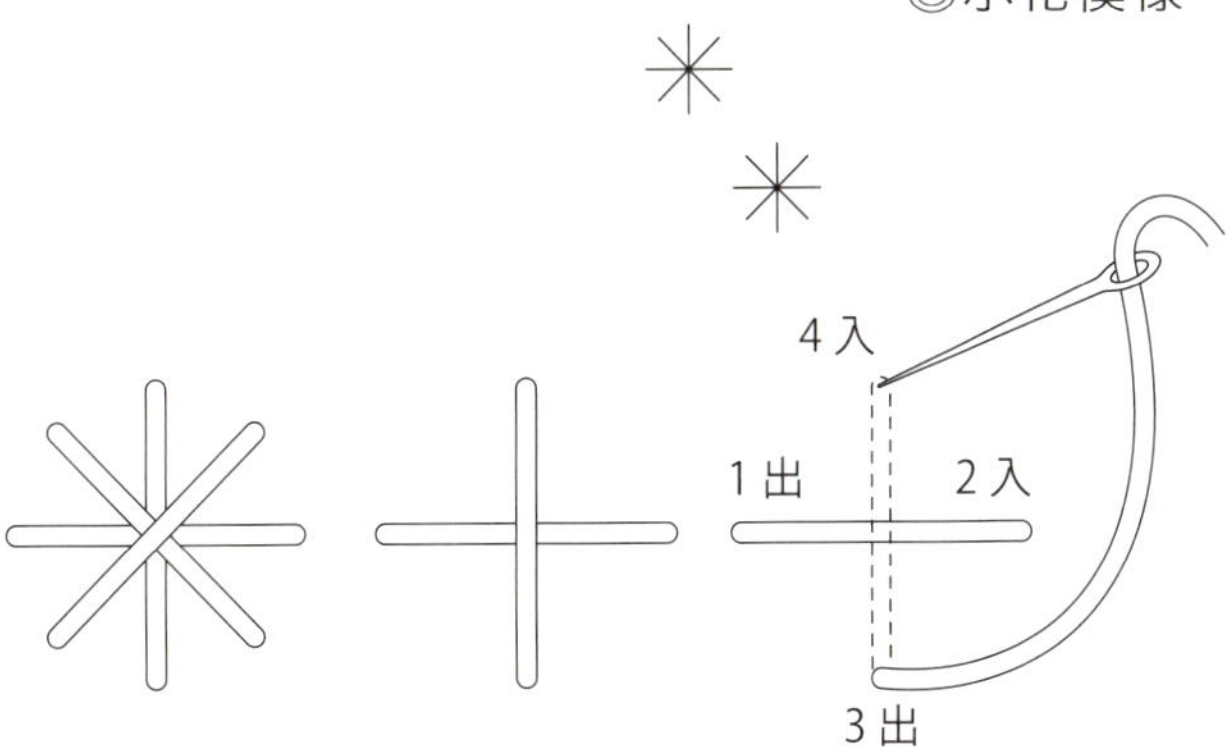
4入
1出
2入
3出

こんなところもお繕いします

デニムのひざなどにあいた穴の補修にはダーニング。穴の部分をバスケットでふさぎ、ランニングステッチで十字模様に。

セーターの袖口はすり切れやすいものです。袖口の端はブランケットステッチで補強して、可愛い毛糸でダーニング。

デニムの裾のほつれを段染め毛糸でくるくる巻きつけました。カラフルな色が混じっているので、遊び心が出て面白い。

すれたガーゼの肌がけは、丸いガーゼの当て布をして、広めにちくちく並ぬい。繕いが増えるほどどんどん可愛くなります。

How to make
p.74

帽子のお繕い

フリーマーケットで手に入れたウールの帽子たち。
虫食いだらけでしたが、ちくちく手を加えたら、
こんなに可愛くよみがえりました。

How to make

帽子のお繕い

【材料】
帽子
モヘアの毛糸

毛糸の水玉模様に

1.

モヘアなどの毛糸を指先で丸くする。
※羊毛フェルトを丸く切って使ってもOK。

2.

虫食いやシミにかぶるくらいの大きさに丸める。

3.

フェルティングニードルでチクチク刺すので、帽子をフェルティングマット(なければスポンジやタワシ)の上にのせて作業する。

4.

穴が隠れるように丸めた毛糸をのせる。赤やオレンジなどの毛糸をバランスよく散らす。

5.

フェルティングニードルでチクチク刺してつける。

ほどいたセーターのチリチリの毛糸で

セーターをほどくと、チリチリした糸ができる。その風合いを活かしてフェルティングニードルで模様を刺していく。

Part 4

いろいろな
リメイク

デニムはリメイクするのにとても魅力的な素材です。 色あせても傷ついても味になります。古い家具や家にもよく馴染むので、エプロンやバッグだけでなく、イスカバーにもしてみました。その他、家の中で使えるさまざまなリメイク小物をご紹介します。

How to make p.80

デニムエプロン

ハードすぎない、シンプルでおしゃれなデニムエプロンが欲しくなって作りました。はき込んだデニムのかすれがいい感じです。

How to make

デニムエプロン

【材料】
デニムパンツ
※太めのストレートの長めのもの
今回はメンズのビッグサイズ使用
胸当て用別布

1. デニムパンツを切る

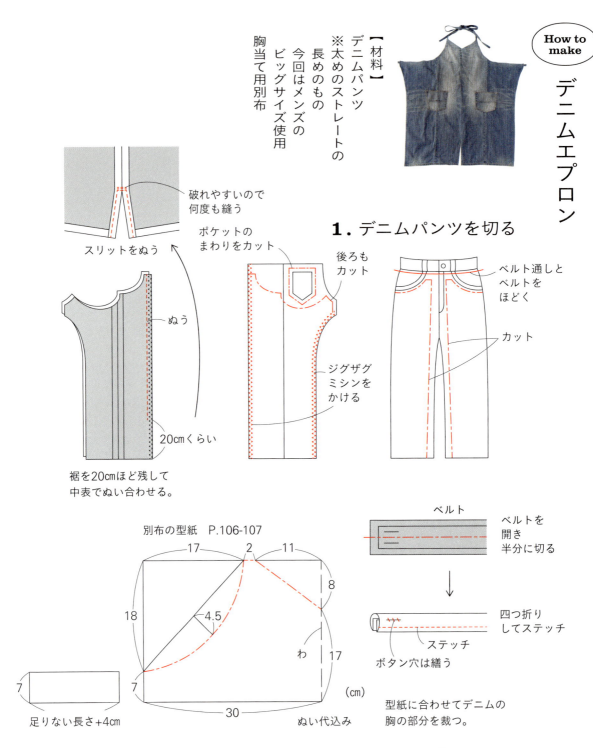

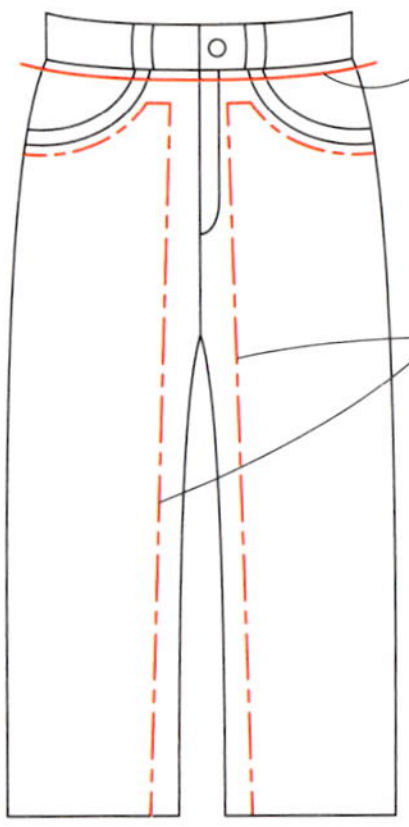

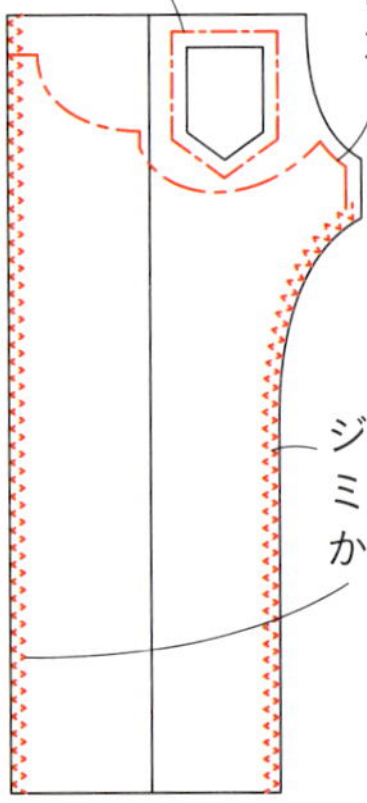

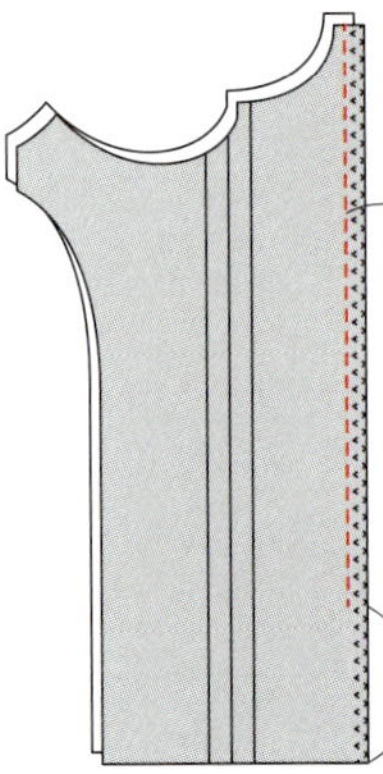

裾を20cmほど残して
中表でぬい合わせる。

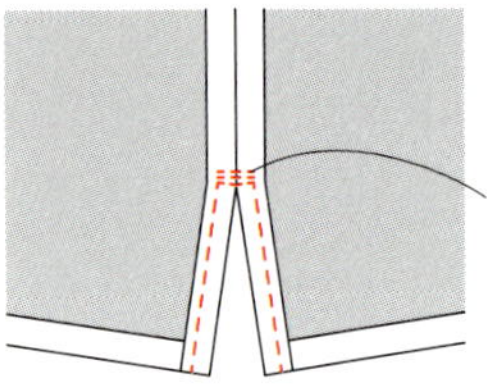

スリットをぬう

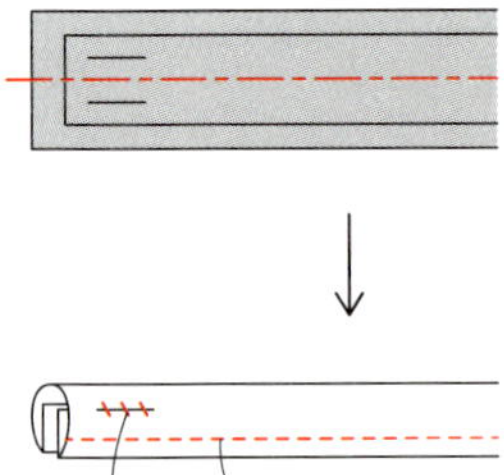

別布の型紙　P.106-107

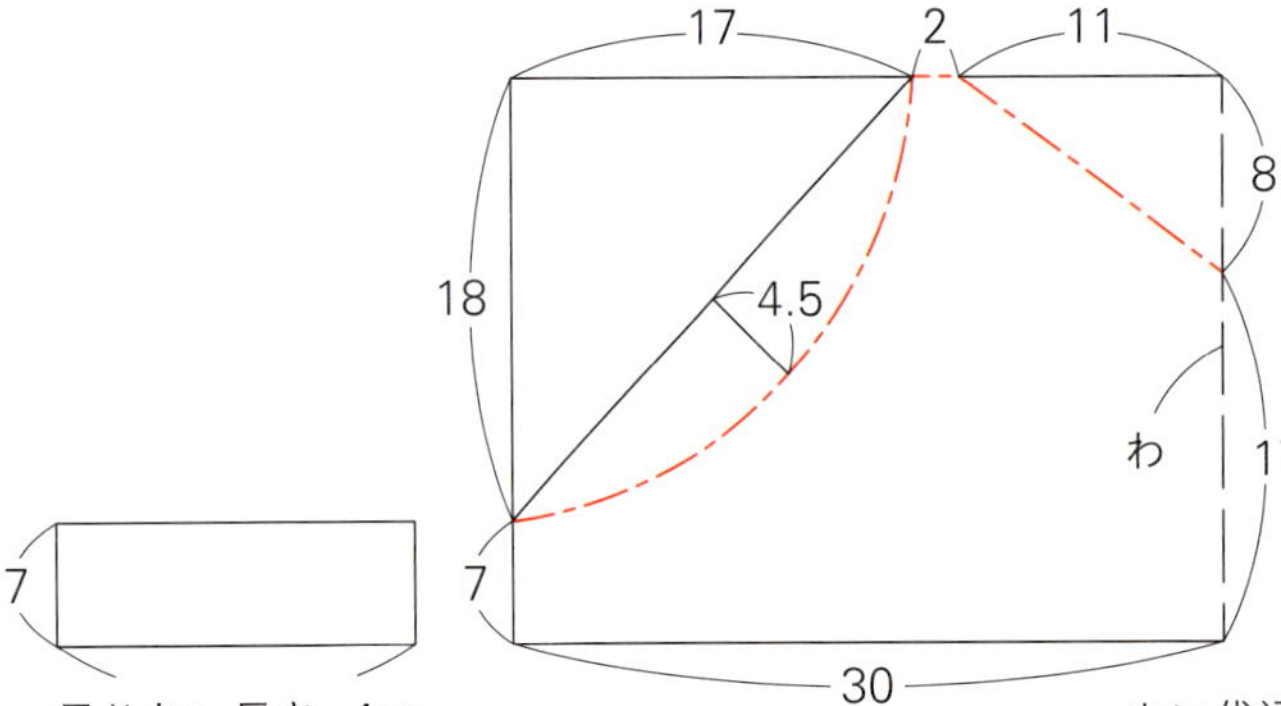

足りない長さ+4cm

ぬい代込み

型紙に合わせてデニムの
胸の部分を裁つ。

2. 別布で胸当て部分を作る

別布を型紙に合わせて裁ち、
足りない部分は、7cm幅の布を足す。

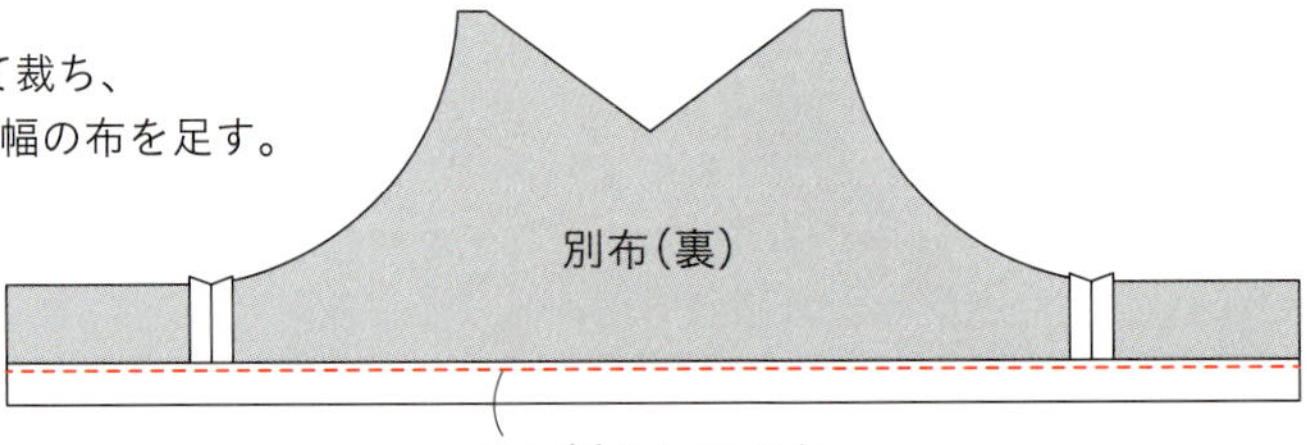

三つ折りしてぬう

3. 肩ひもをぬいつける

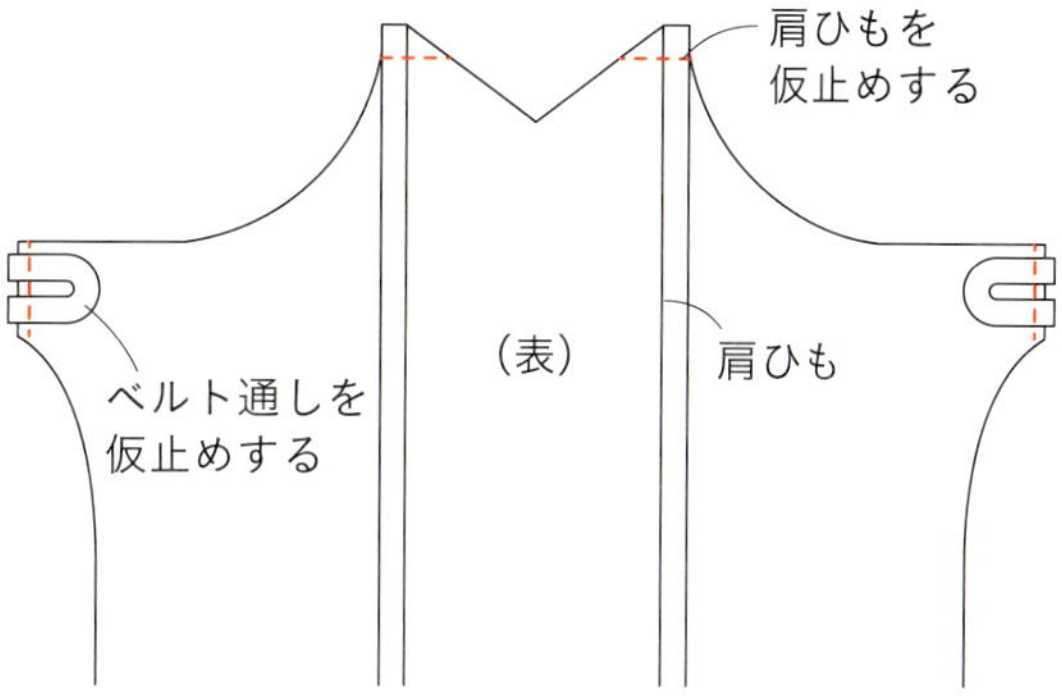

4. 別布をぬい合わせる

別布を中表に重ねて
ぬい合わせる。

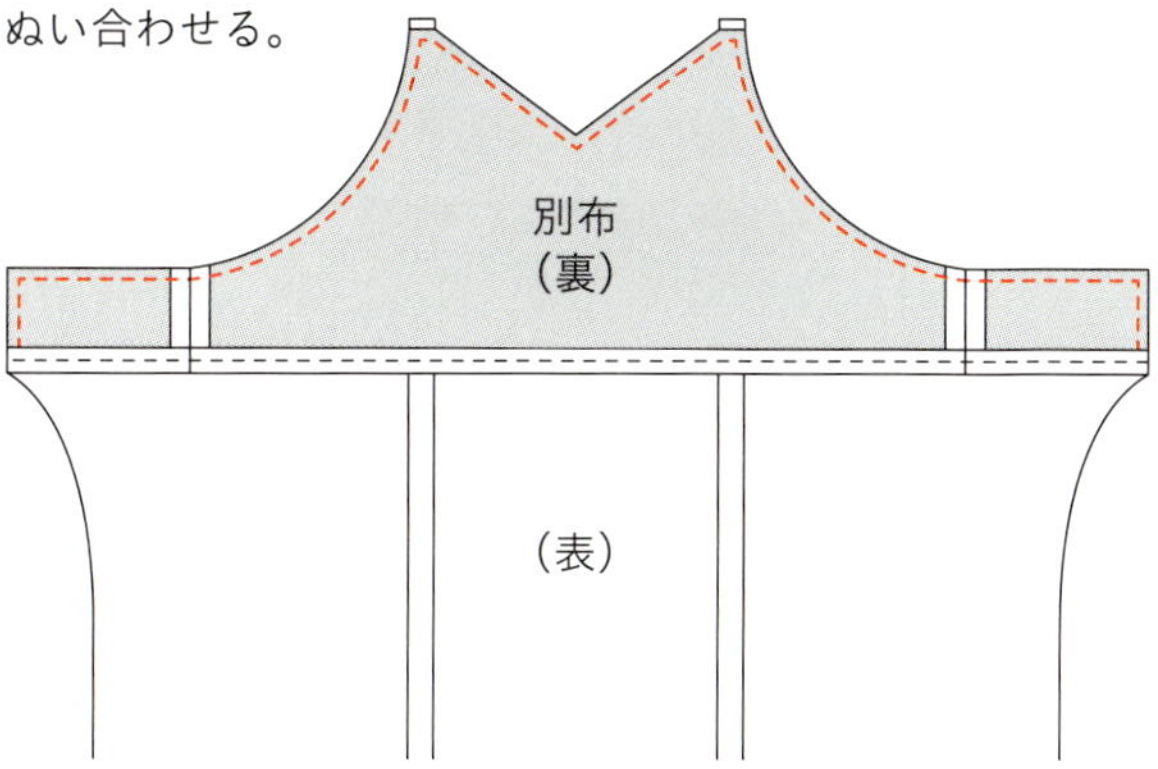

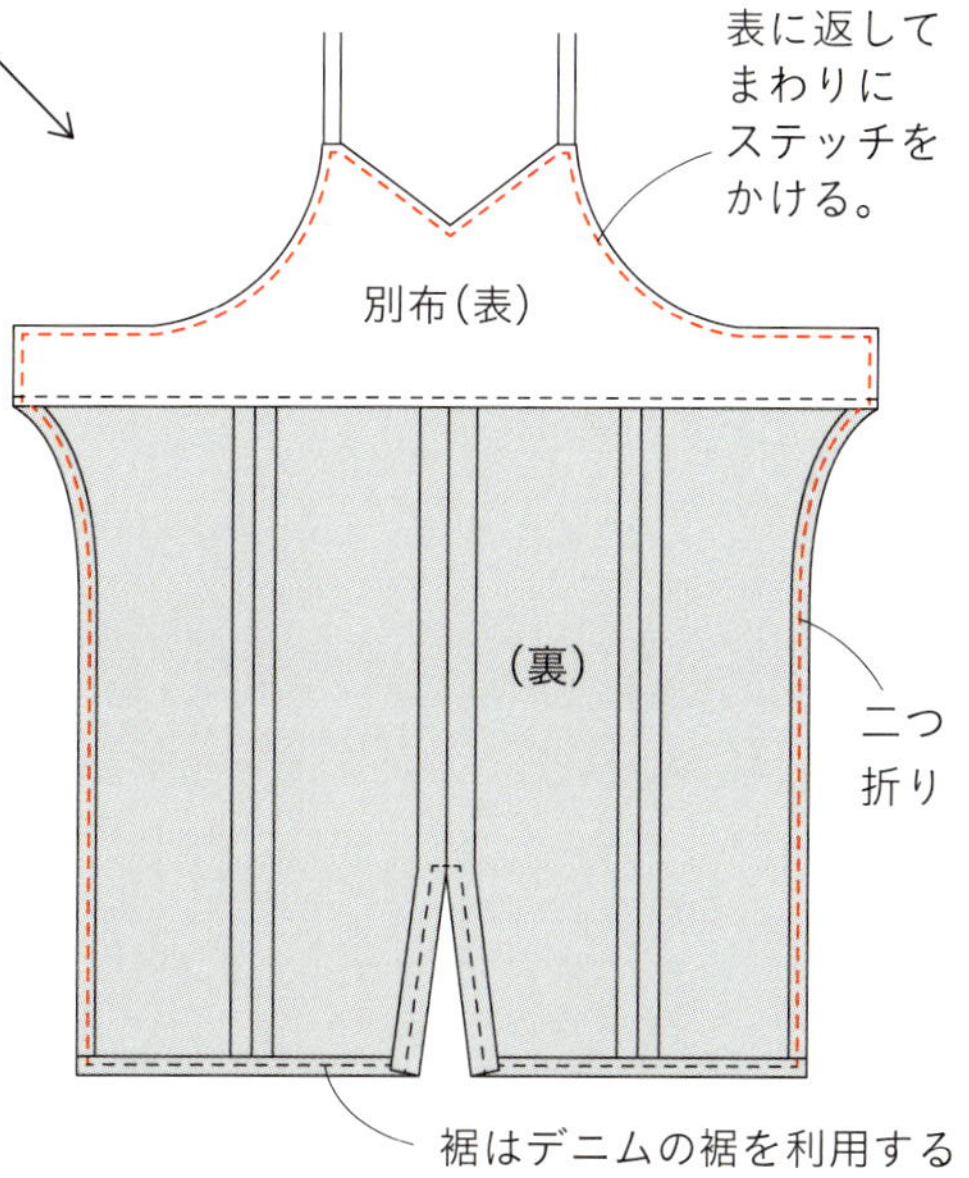

5. ポケットをつける

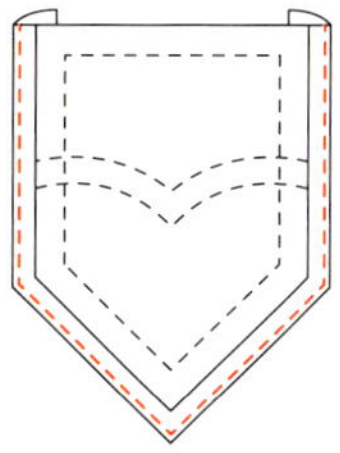

まわりをミシンで
ぬいつける。

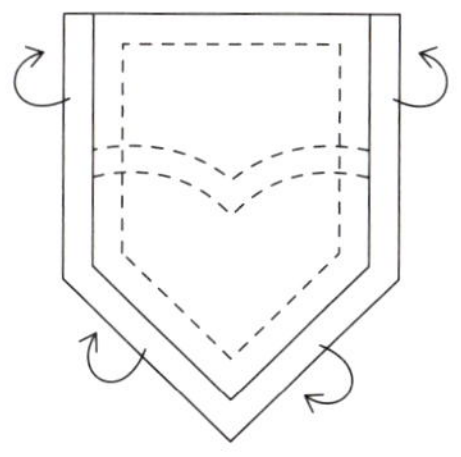

ポケットのまわりを
裏側に折る。

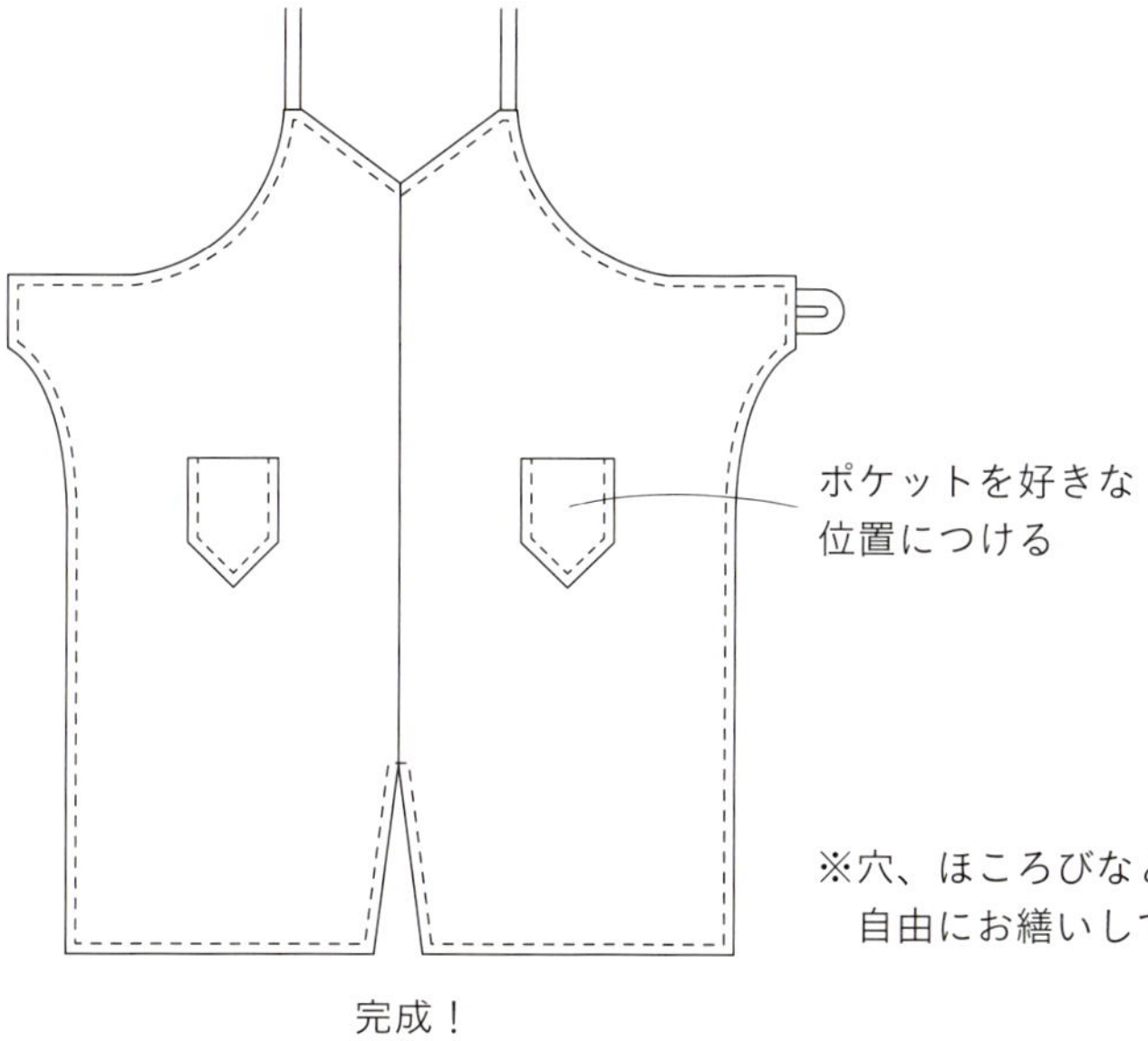

※穴、ほころびなどあれば、
自由にお繕いして楽しんでください。

完成！

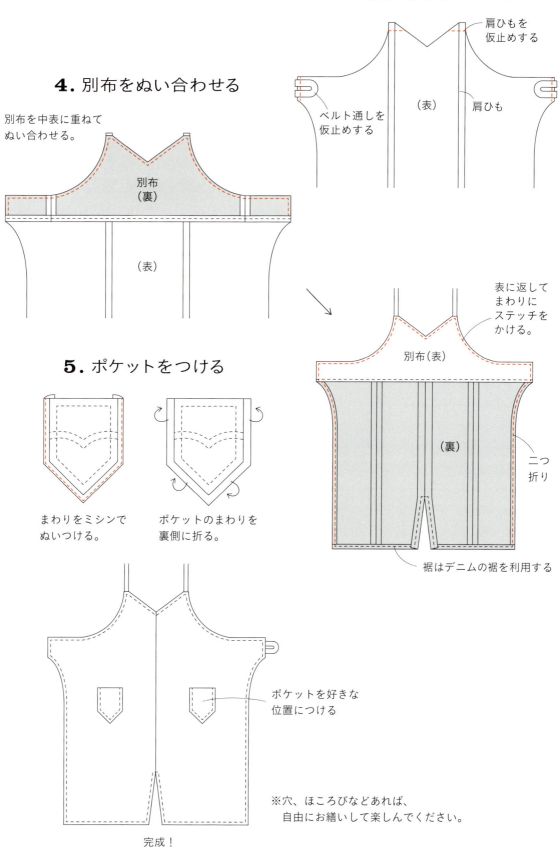

How to make p.83

デニムバッグ

色の異なるデニムを組み合わせたトートバッグ。
アップリケは藍の濃淡なので甘くなりすぎません。
パンツの腰についていた
赤い革パッチをワンポイントに。

How to make デニムバッグ

【材料】
デニムの端切れ
表布・底布・持ち手布・ポケット用・アップリケ用
裏布用布
ポケット用接着芯

1. 表布、裏布を用意する

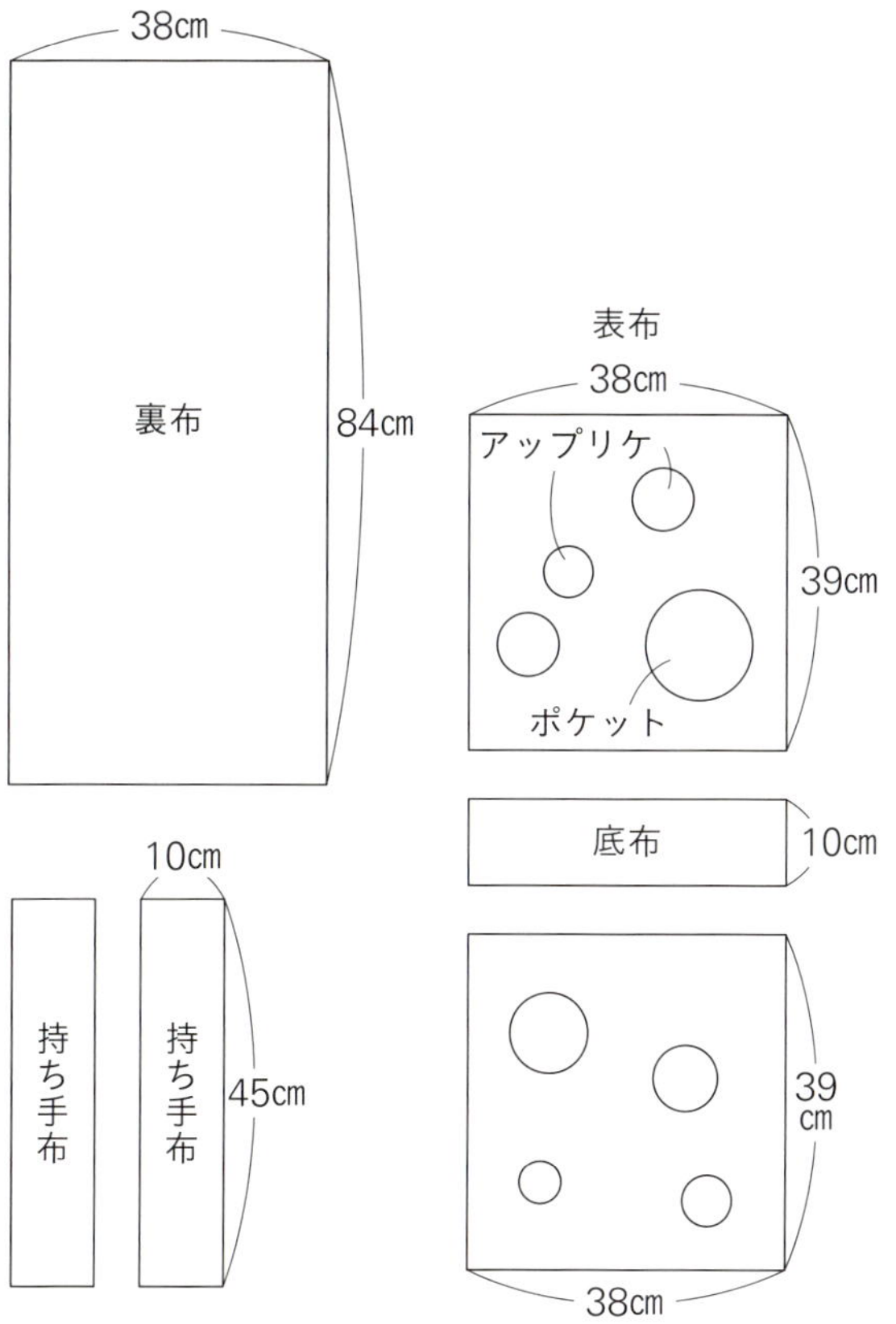

バッグ布にのせ、
アップリケのまわりを
ジグザグぬい。
2回以上重ねると
ほどけにくく、きれい。

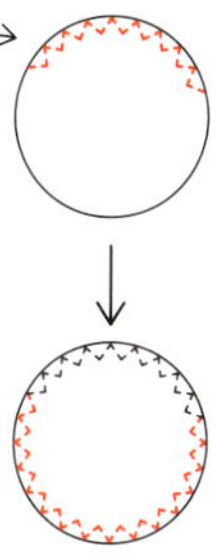

ポケット口を
ジグザグぬい。
3回以上重ねる。

バッグ布にのせて
ポケット口以外を
ジグザグぬい。

ポケットのまわりも
ジグザグぬいを
3回ほど重ねる。

2. 表布、裏布をぬう

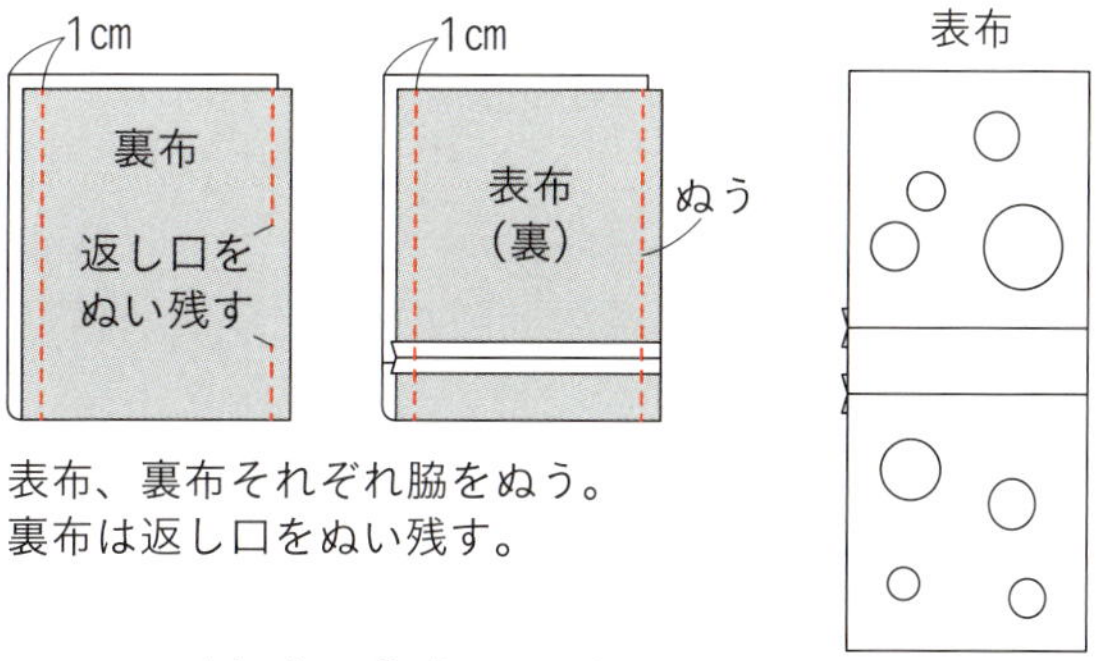

表布、裏布それぞれ脇をぬう。
裏布は返し口をぬい残す。

表布に底布を
ぬい合わせる。

3. マチをぬう

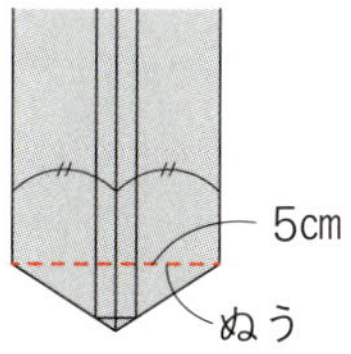

表布、裏布ともに
底を三角に開き、
マチ部分をぬう。

4. 持ち手をつける

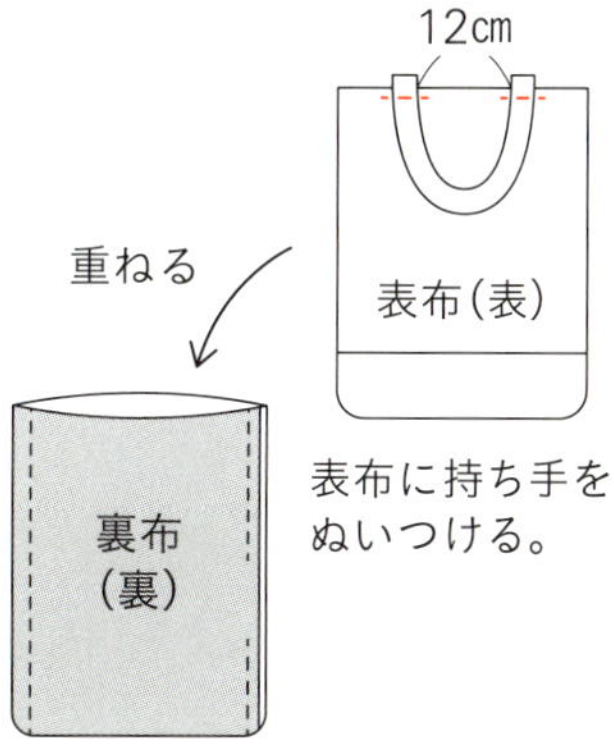

表布に持ち手を
ぬいつける。

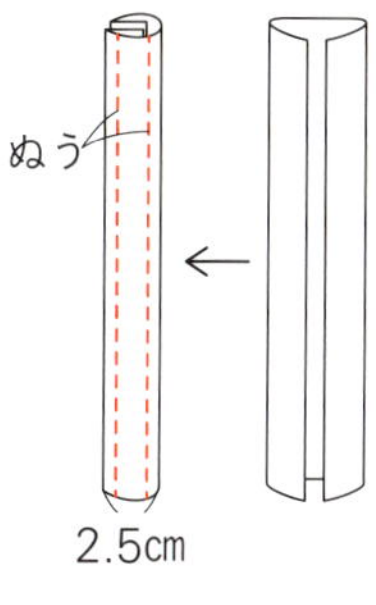

持ち手布を
四つ折りしてぬう。

5. 表布、裏布を合わせる

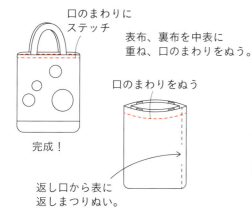

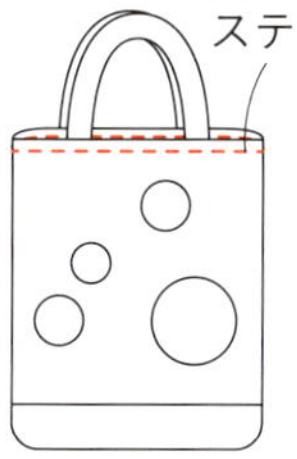

完成！

表布、裏布を中表に
重ね、口のまわりをぬう。

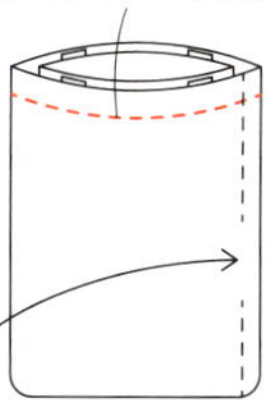

返し口から表に
返しまつりぬい。

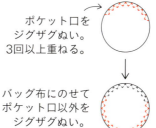

How to make p.85

デニムのイスカバー

猫が爪を研ぐので、イスの座面はすぐボロボロに。
デニムの端切れを寄せ集めて利用してみました。
古い野良着を思わせる渋い座面に仕上がりました。

How to make

デニムのイスカバー

【材料】
デニムの端切れ
裏布用布
タッカー

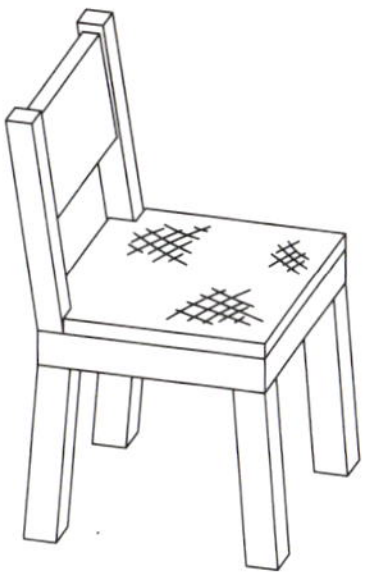

カバーが傷んでしまったイス

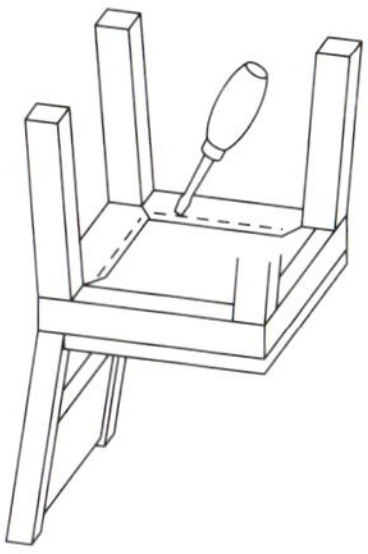

イスを裏返し、カバーなどをはずす。ホッチキスはマイナスドライバーを差し込んではずすと簡単にはずれる。

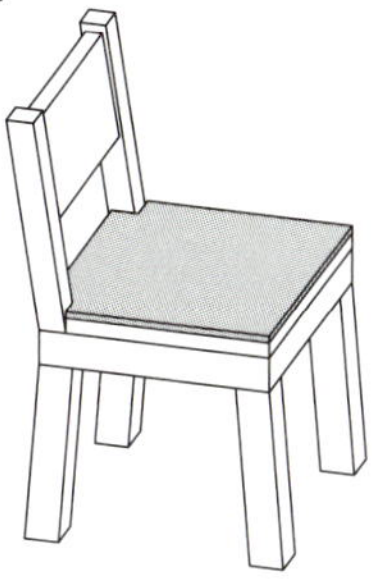

スポンジが傷んでいたら、新しいスポンジやクッション布を重ねる。

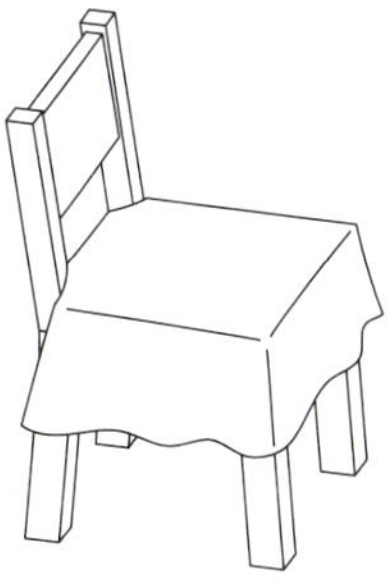

イスの裏側までくるめる余裕のサイズの薄めの裏布を用意する。

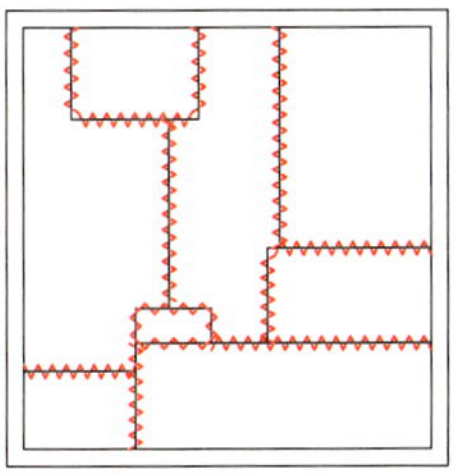

裏布の上にデニムの端切れを配置する。かすれた部分も使い、アクセントにオレンジ色の布を配置。まち針でとめ、ジグザグミシンでぬう。

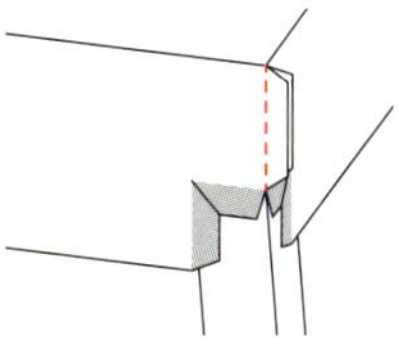

布を裏返しにかぶせ、角の位置を決め、ぬい代をつけて布をカット。角のところを細かく手ぬいする。

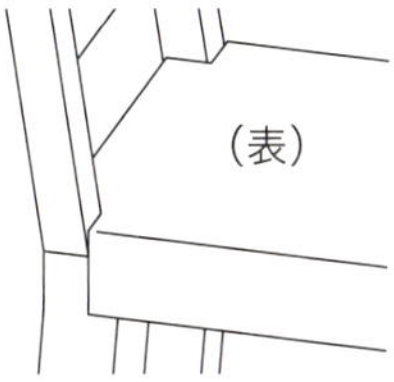

イスの形に合わせて裏に折り込む。

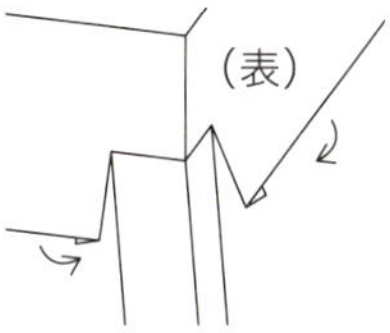

表に返してイスにかぶせる。

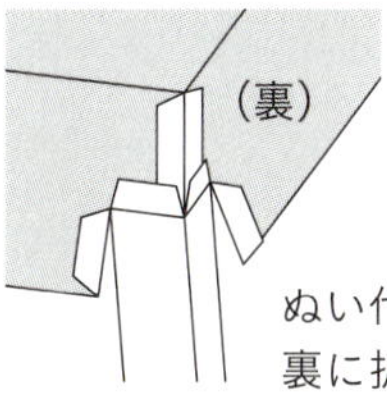

ぬい代に接着剤をつけ、裏に折り込む。

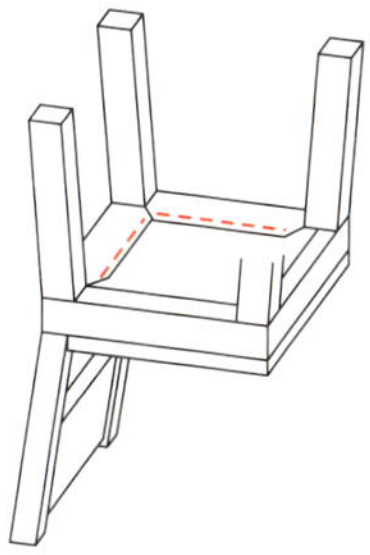

イスを裏返して、前後左右に布を引っ張りながら布を整えタッカーでとめる。

このままでもよいが、最後に布でカバーをし、縁を折ってタッカーでとめると仕上がりがきれい。

How to make p.87

ティーコゼー

工程の一つひとつを楽しみながら
丁寧にお茶を入れるような暮らしに憧れて、
コースターとお揃いのティーコゼーを作りました。

How to make

ティーコゼー

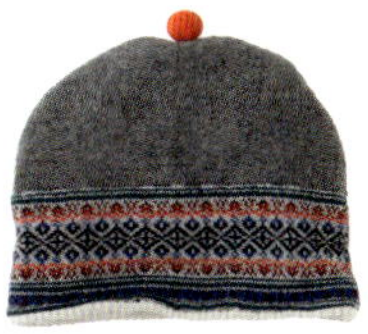

【材料】
セーターの端切れ　2枚
つまみ用端切れ

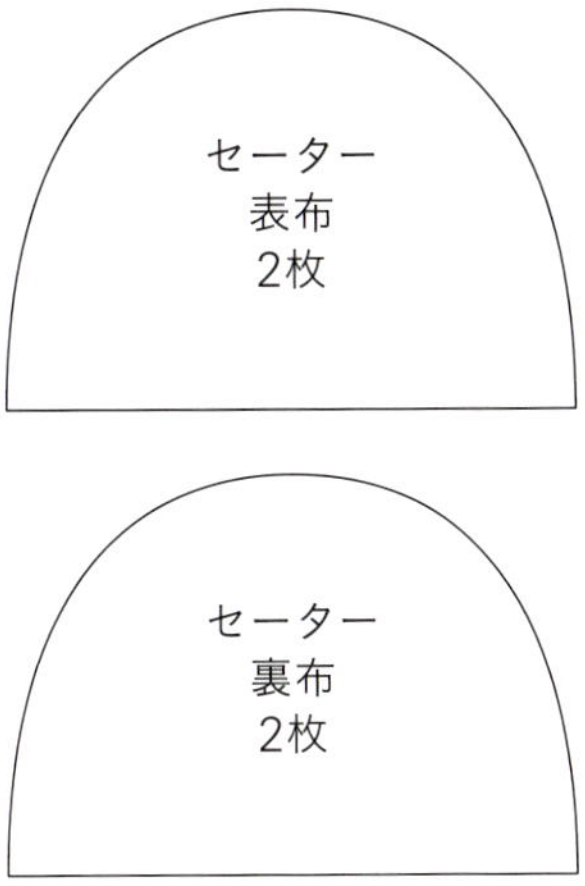

1. 表布、裏布を用意する

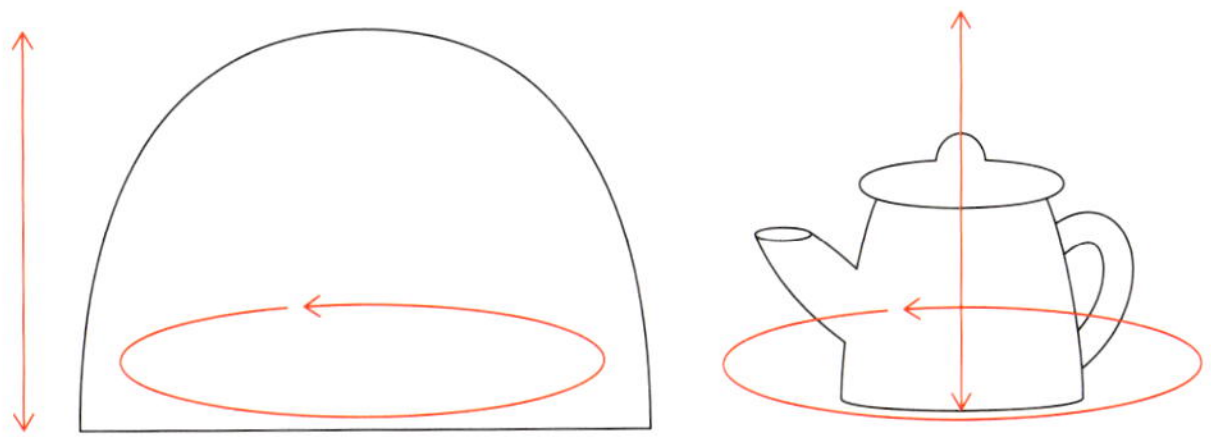

ポットの寸法に合わせ、紙で型紙を作る。
型紙に合わせて、表布、裏布を裁つ。

2. 表布、裏布をぬう

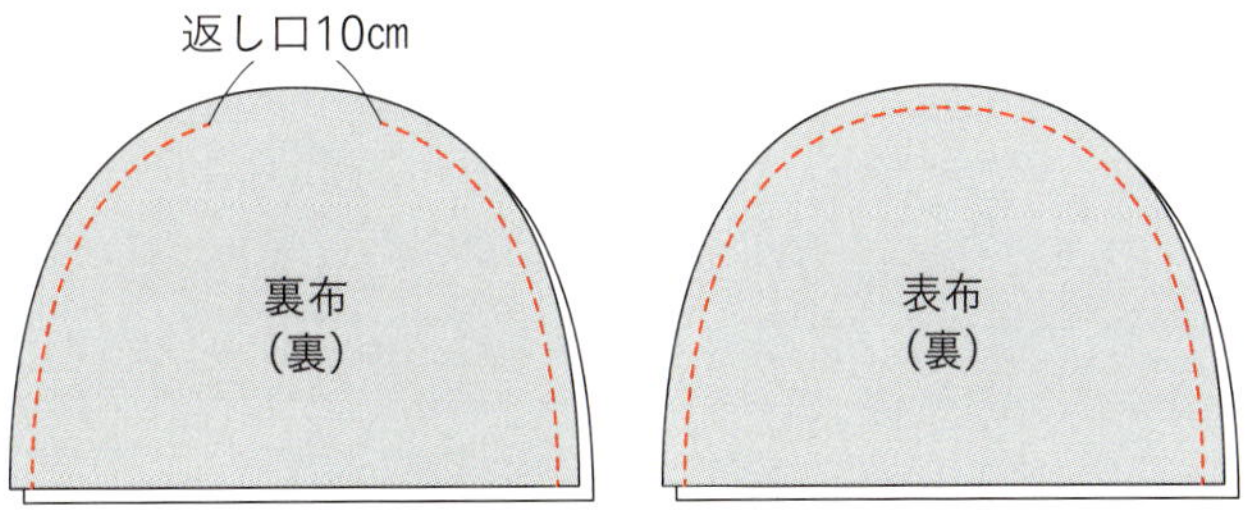

表布、裏布それぞれ中表でぬう。
裏布は返し口をぬい残す。

3. 表布、裏布を合わせる

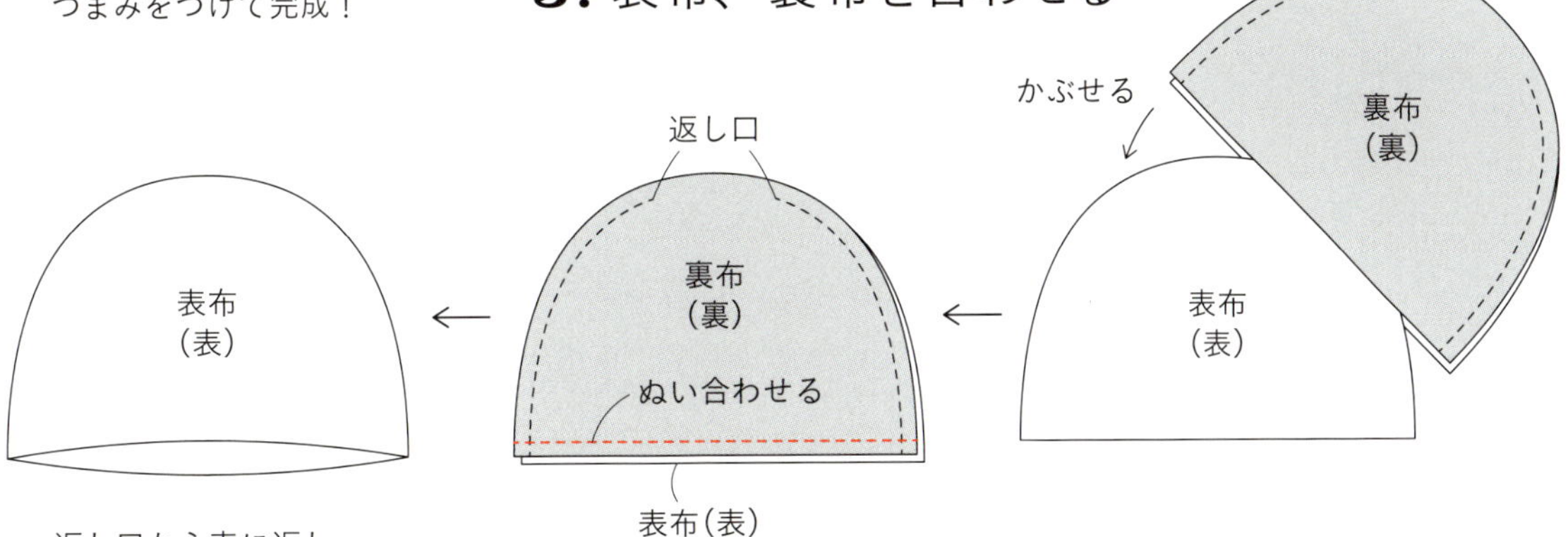

返し口から表に返し、
返し口をまつりぬいで
とじる。

表布、裏布を中表に合わせ、
口まわりをぬう。

4. つまみをつける

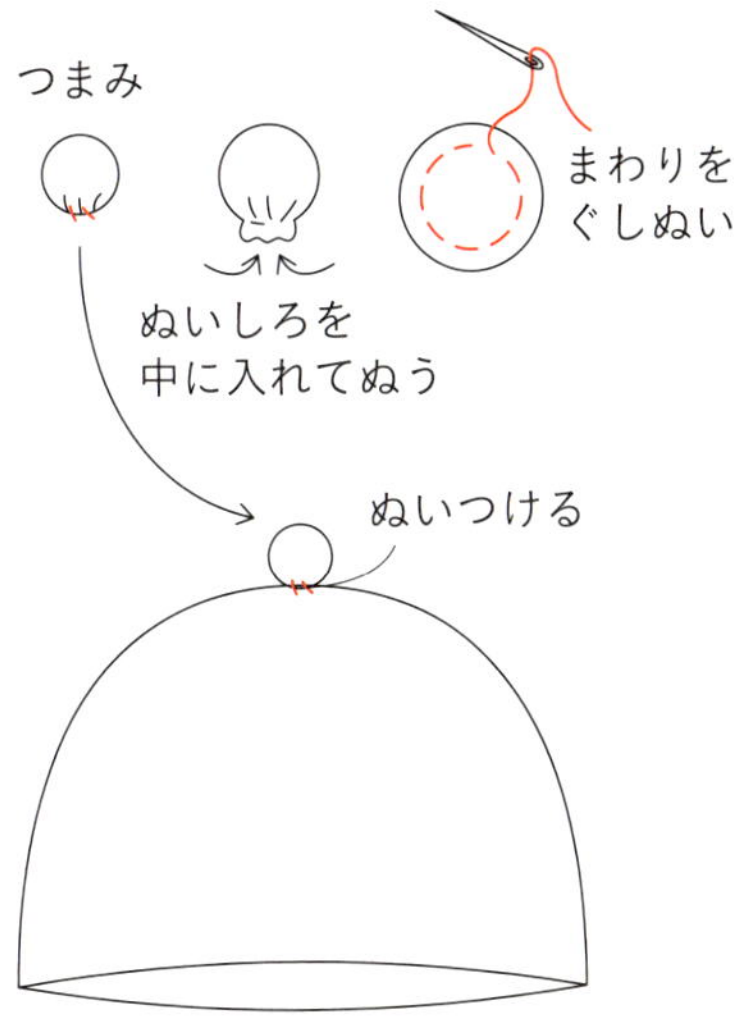

つまみをつけて完成！

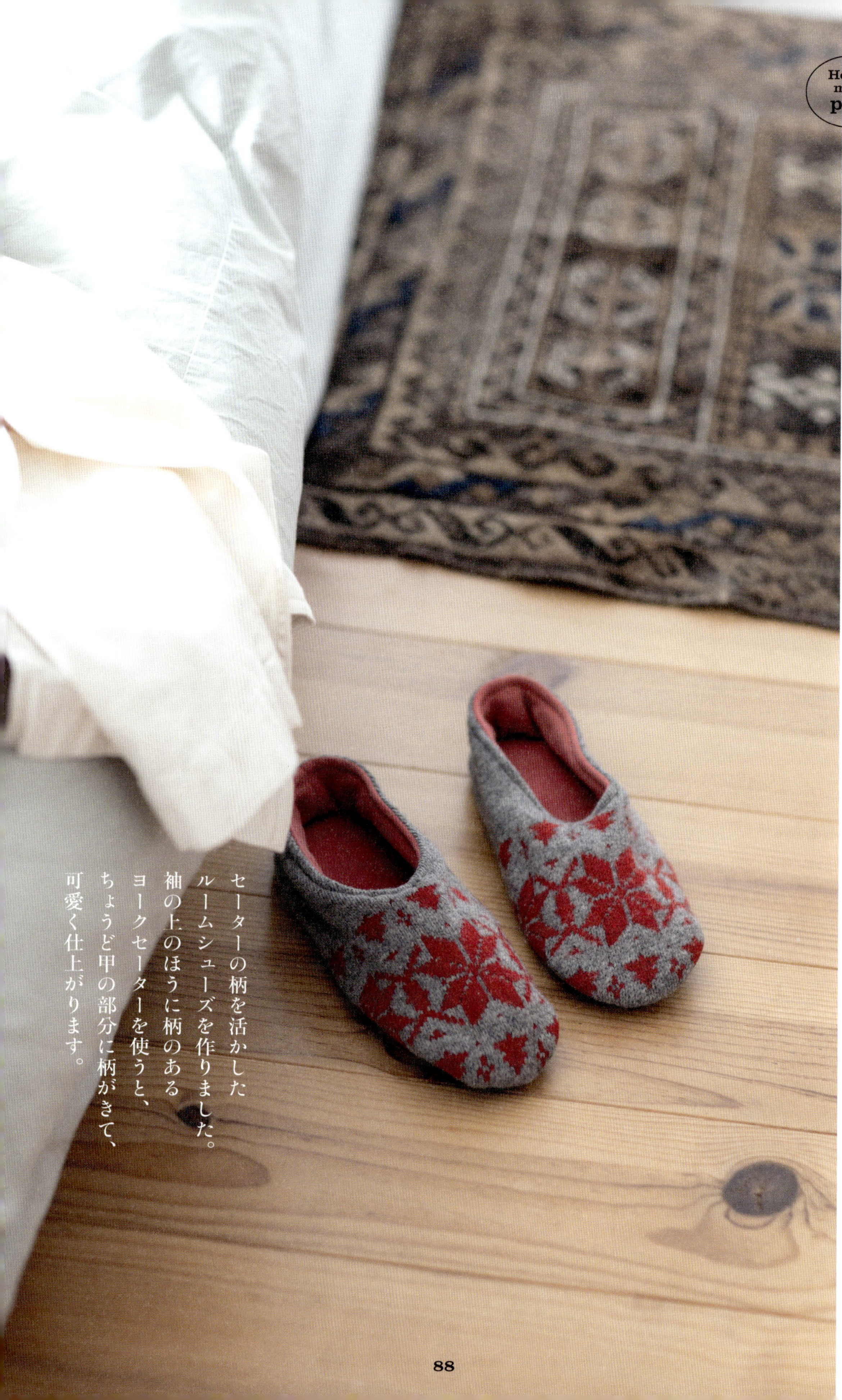

How to make p.89

ルームシューズ

セーターの柄を活かした
ルームシューズを作りました。
袖の上のほうに柄のある
ヨークセーターを使うと、
ちょうど甲の部分に柄がきて、
可愛く仕上がります。

ルームシューズ

How to make

【材料】
セーター
トレーナー
キルト芯
デニム地

1. 型紙を作り、セーター・トレーナーをカット

※型紙はP.108-109

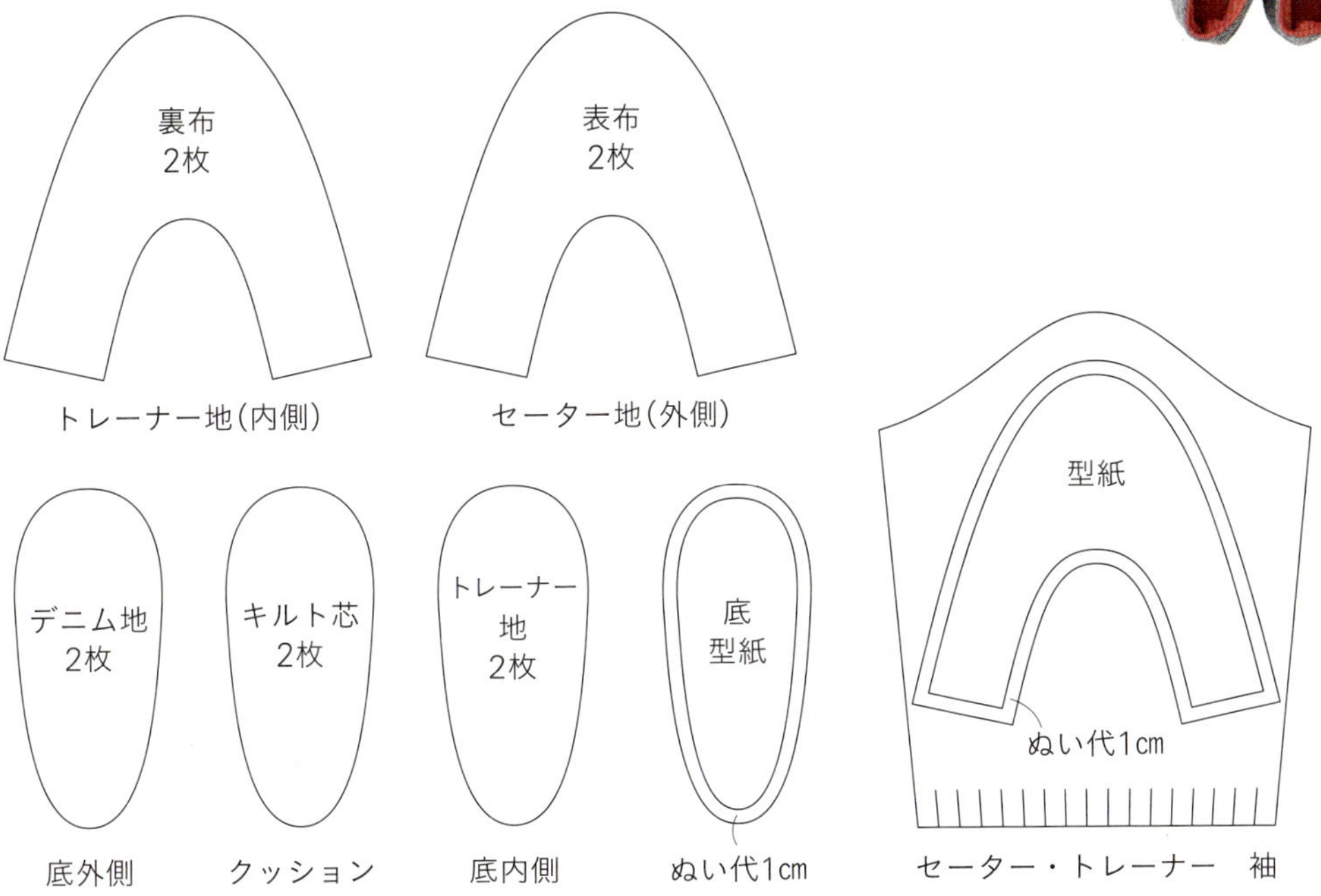

裏布
2枚
トレーナー地(内側)
表布
2枚
セーター地(外側)
デニム地
2枚
底外側
キルト芯
2枚
クッション
トレーナー
地
2枚
底内側
底
型紙
ぬい代1cm
型紙
ぬい代1cm
セーター・トレーナー　袖

2. 表布をぬう

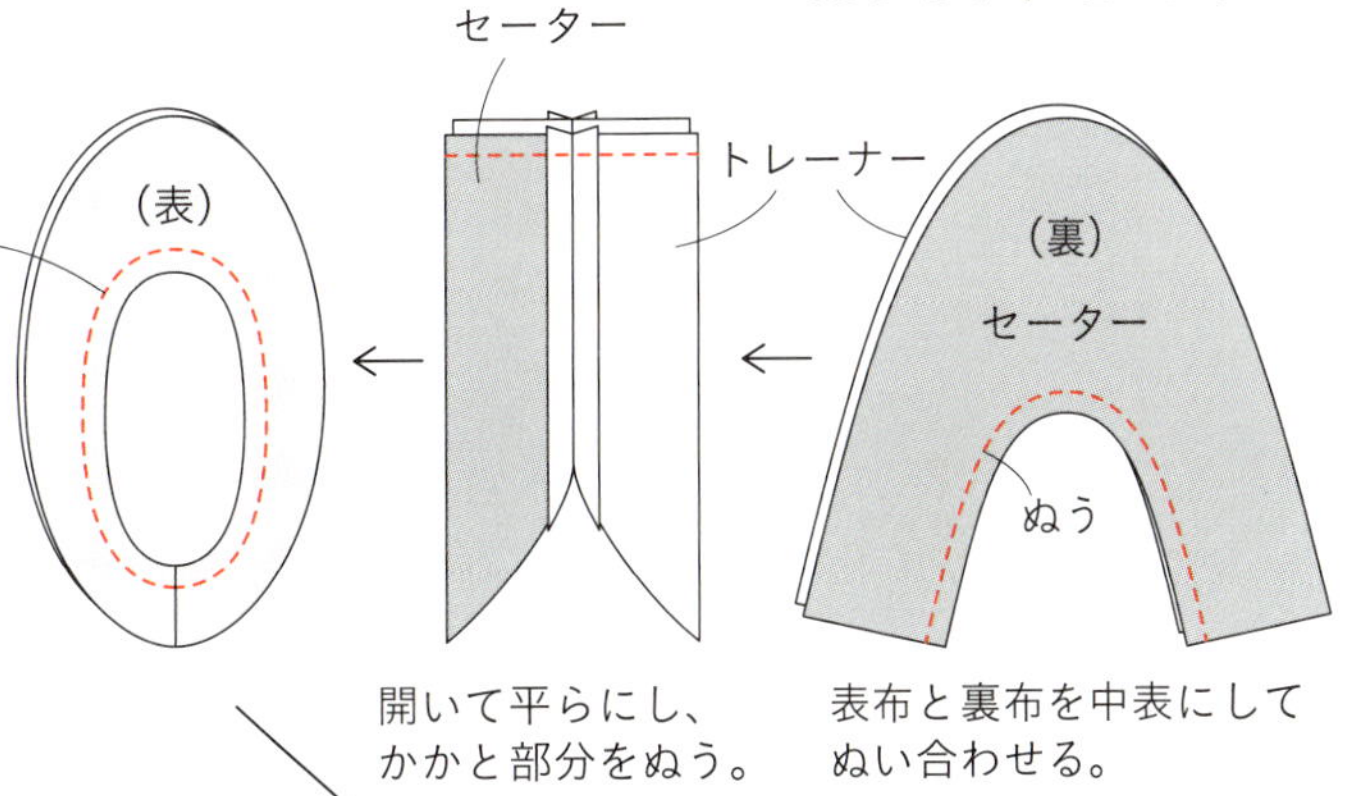

はき口にステッチを
かける（ミシン
または並ぬい）
(表)
セーター
トレーナー
(裏)
セーター
ぬう
開いて平らにし、
かかと部分をぬう。
表布と裏布を中表にして
ぬい合わせる。

3. 底をぬい合わせる

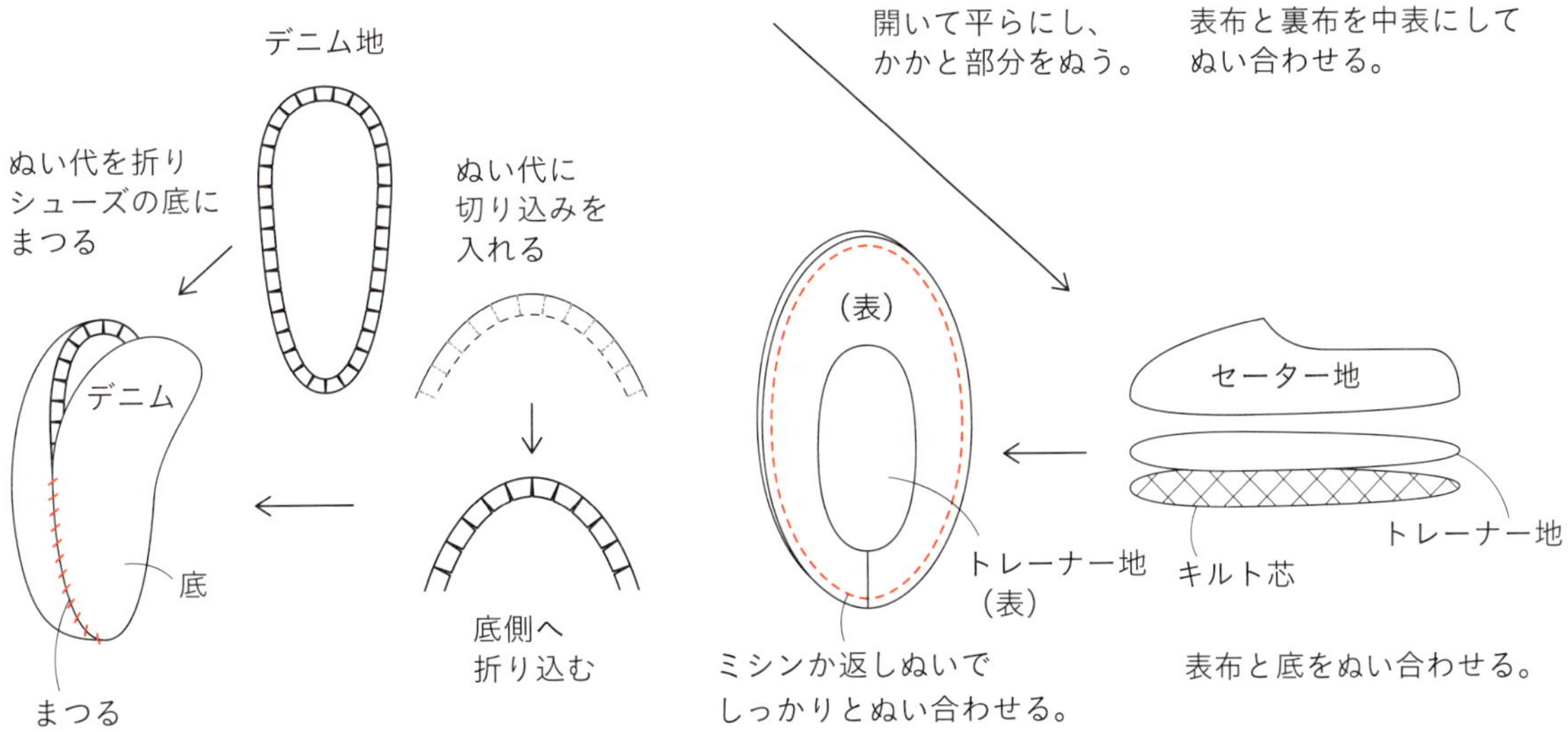

デニム地
ぬい代を折り
シューズの底に
まつる
ぬい代に
切り込みを
入れる
デニム
底
まつる
底側へ
折り込む
(表)
トレーナー地
(表)
ミシンか返しぬいで
しっかりとぬい合わせる。
セーター地
キルト芯
トレーナー地
表布と底をぬい合わせる。

How to make p.91

ぬいぐるみ

猫のベッドを作り、
ルームシューズを作り、
まだ可愛い柄の部分が
残っていたのでぬいぐるみに。
ちょっと懐かしい感じの
素朴なぬいぐるみができました。

How to make

ぬいぐるみ

【材料】
セーターの端切れ
綿

1. 各パーツの布を裁つ

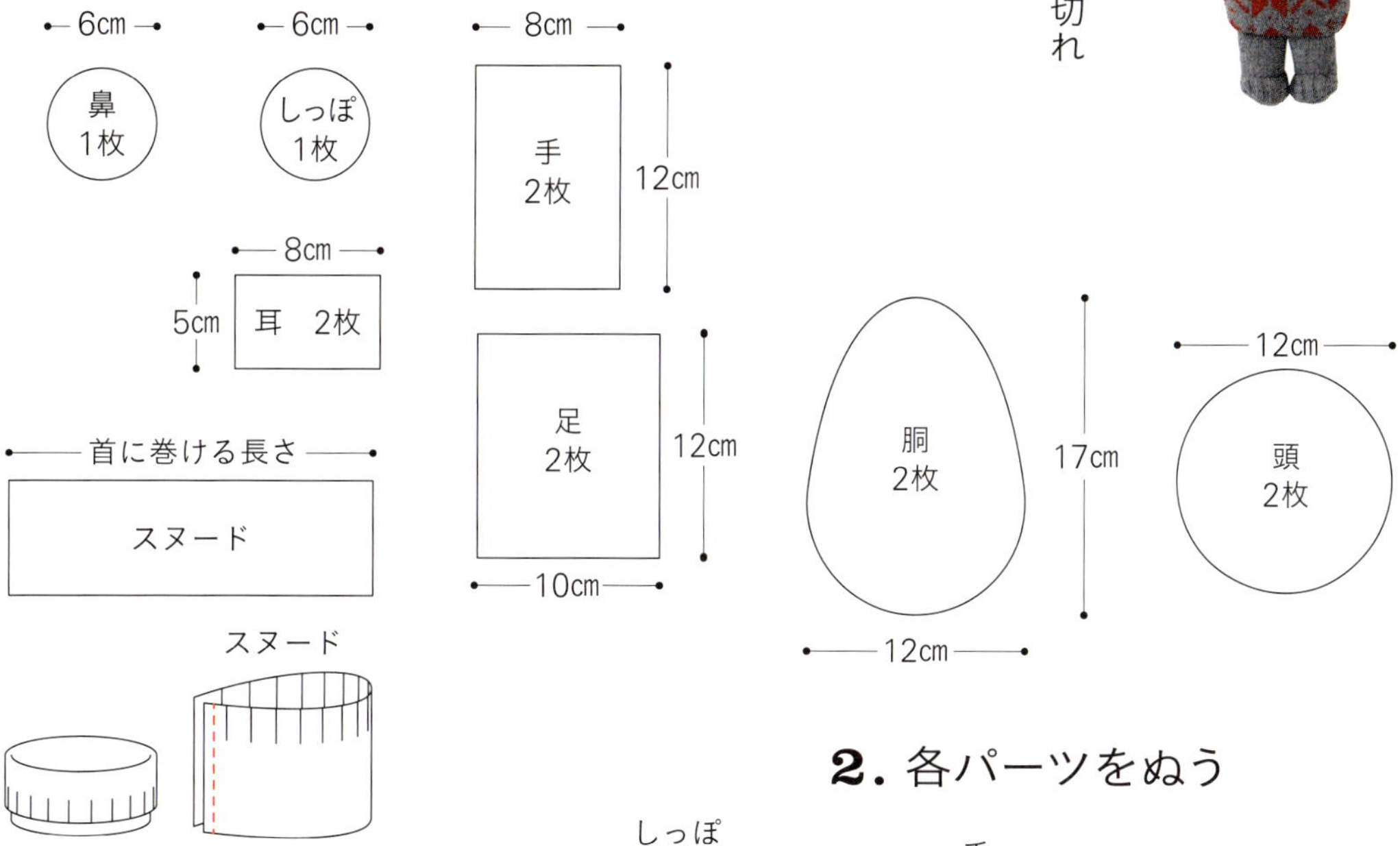
6cm
鼻
1枚
6cm
しっぽ
1枚
8cm
手
2枚
12cm
8cm
5cm
耳　2枚
足
2枚
12cm
10cm
胴
2枚
17cm
12cm
12cm
頭
2枚
首に巻ける長さ
スヌード
スヌード

2. 各パーツをぬう

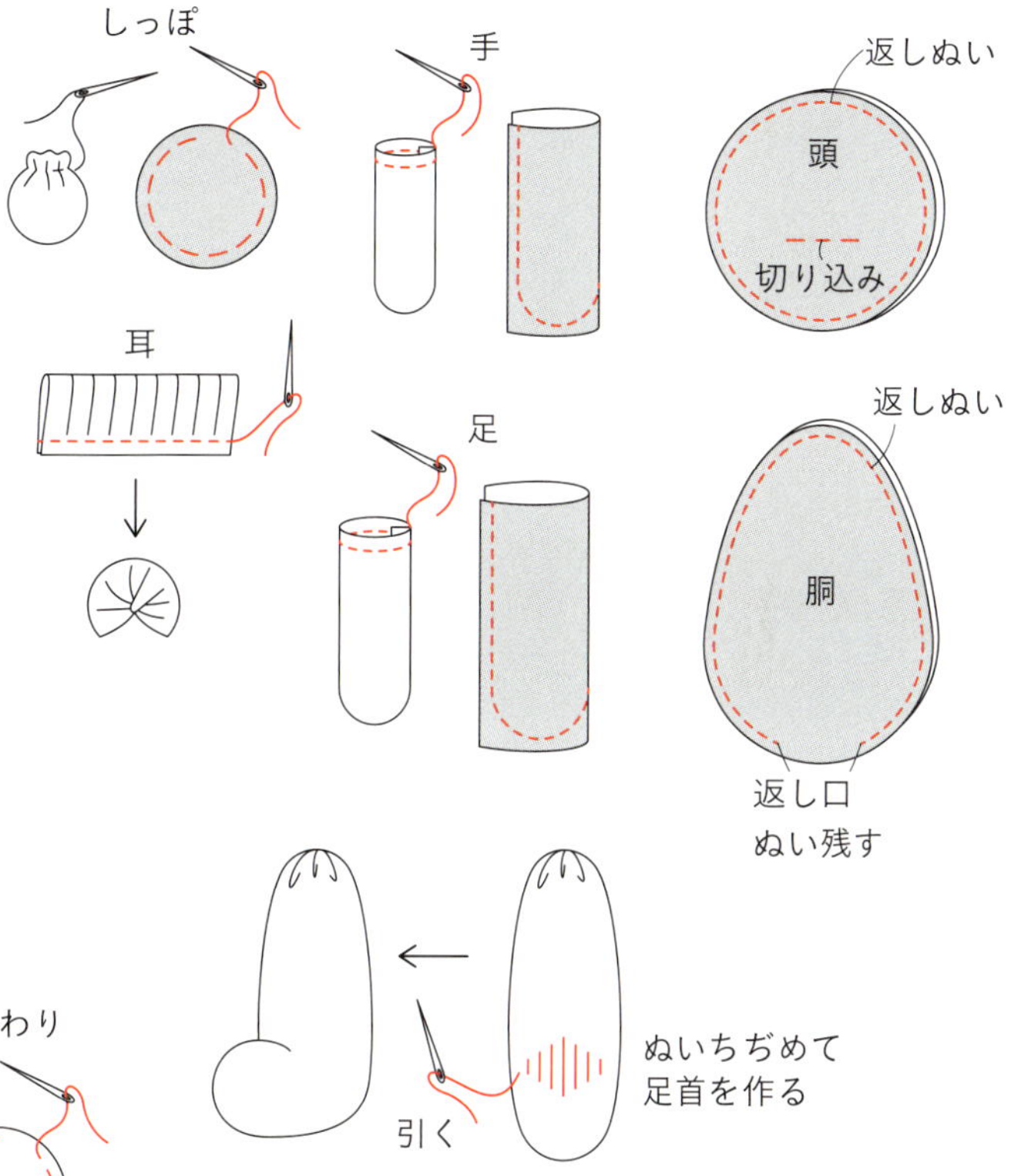
しっぽ
手
返しぬい
頭
切り込み
耳
足
返しぬい
胴
返し口
ぬい残す
ぬいちぢめて
足首を作る
引く

各パーツを図のようにぬう。
パーツをぬったら、中に綿を入れる。
綿のかわりにセーターを
小さく切って入れてもよい。

3. 組み立てる

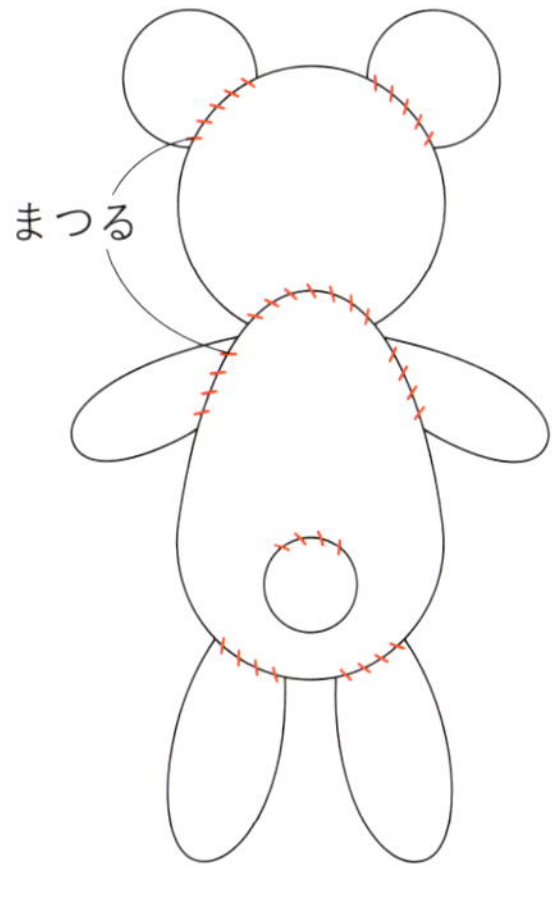
まつる

4. 顔を刺しゅうする

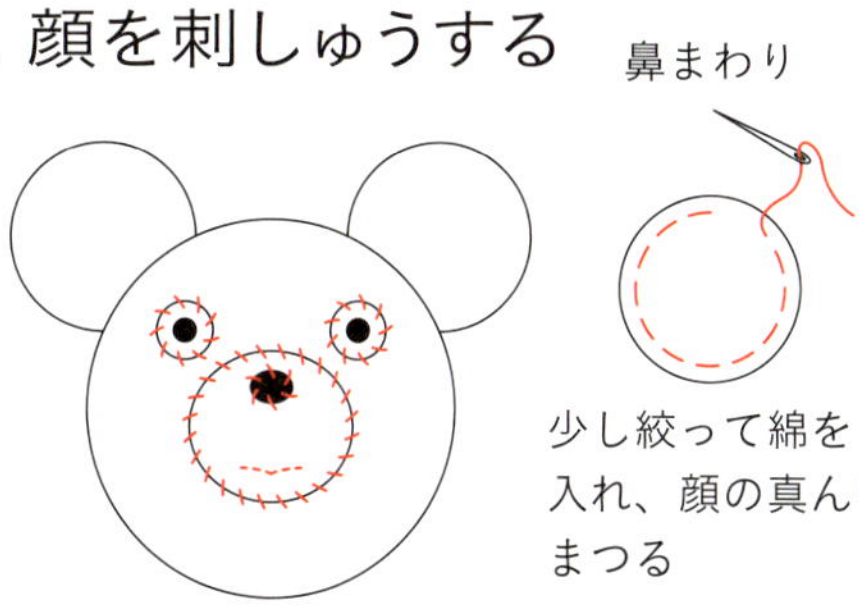
鼻まわり
少し絞って綿を
入れ、顔の真ん中に
まつる

目、鼻をフェルトでつける。
口を刺しゅうする。

How to make p.94

ネコのクッション

ニットの良さを活かせる
小物を考えていて、
ネコが立体的に浮き出す
クッションを思いつきました。
猫の部分にキルト芯が入っているので
ぷっくり膨らみます。

How to make
p.96

ネコのベッド

蚤の市で手に入れた渋い竹かご。
何に使おうか思案しているうちに
ネコが入り込んで
どうやら気に入った様子。
キルト芯を入れて
底もまわりもふわりとさせたら、
2匹で押し合いへし合いの大人気に。

How to make

ネコのクッション

【材料】
帆布　1枚
帆布（小）　1枚
セーター端切れ
裏布用布　1枚
キルト芯・綿《わた》

1. クッションの大きさに合わせ布を裁つ

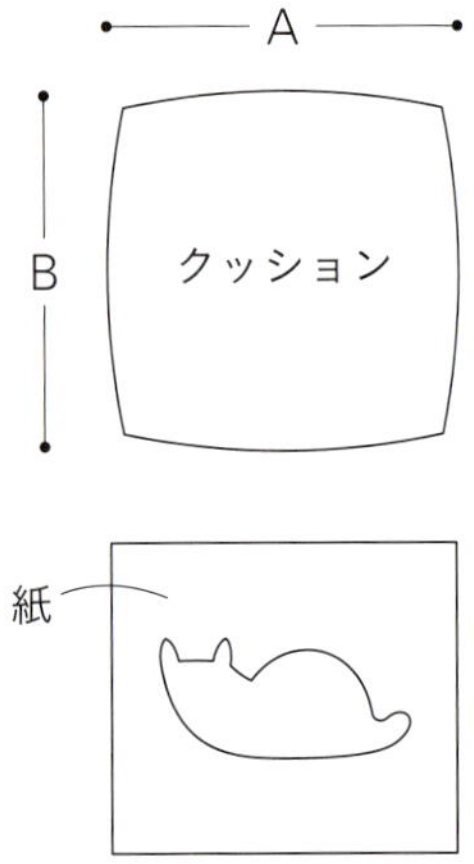
A
B
クッション
紙

動物のシルエットなどを切り抜いて型紙にする

2. 布に型を写し、穴をあける

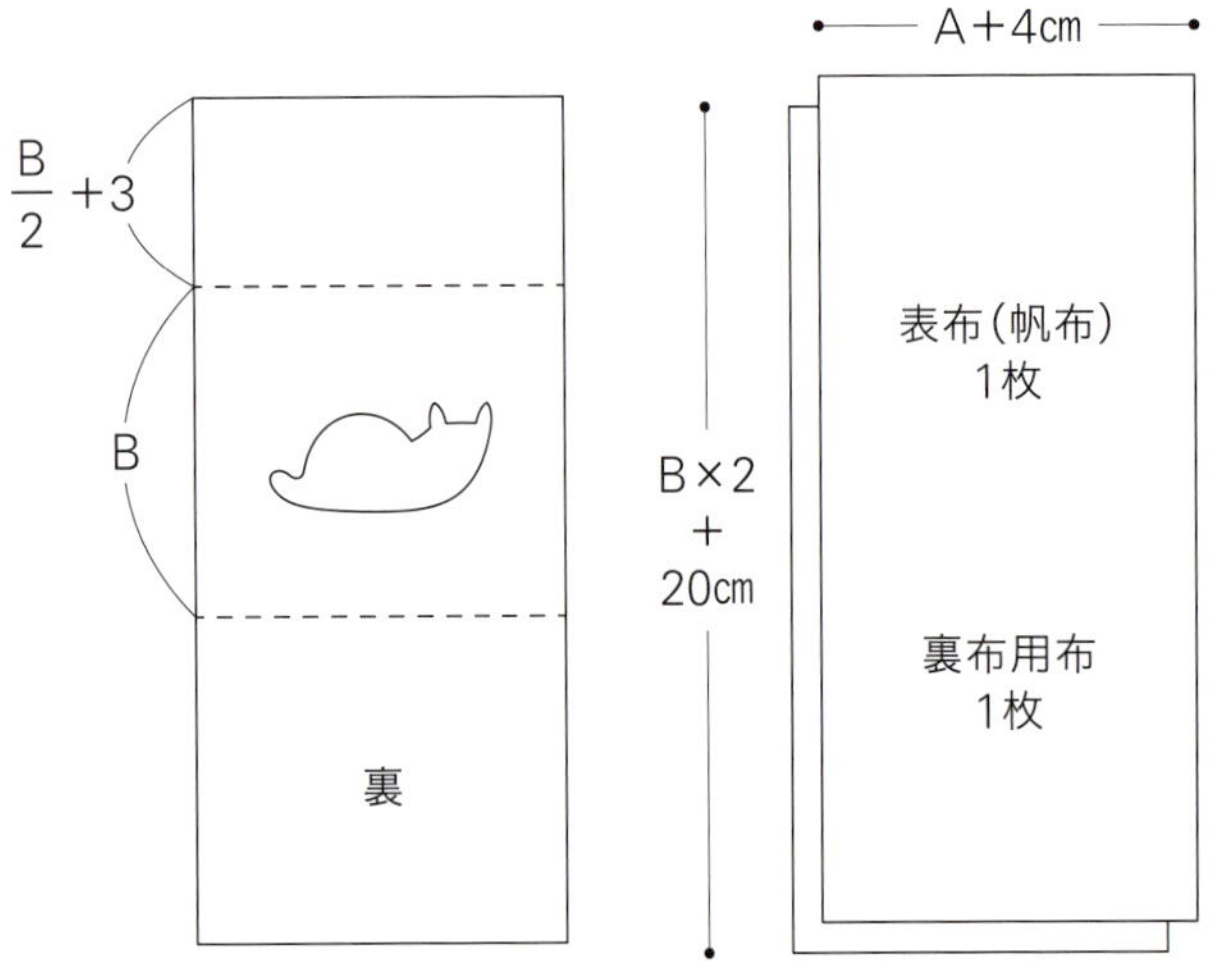
B/2 +3
B
裏
A+4cm
B×2 + 20cm
表布（帆布）
1枚
裏布用布
1枚

表布（帆布）の裏にシルエットを写して穴をあける。

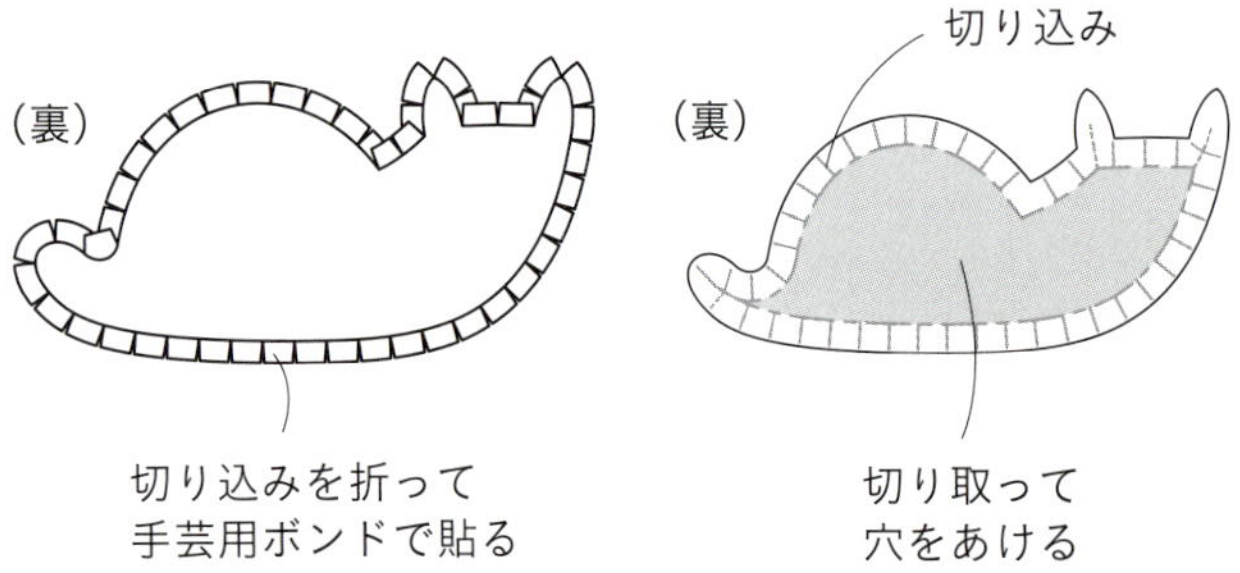
（裏）
切り込みを折って
手芸用ボンドで貼る
（裏）
切り込み
切り取って
穴をあける

3. 穴の裏からセーター、帆布を重ねてぬう

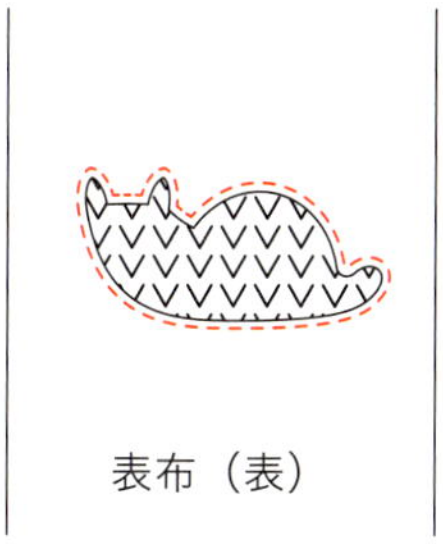

ぎりぎりのところに
ミシンをかける。

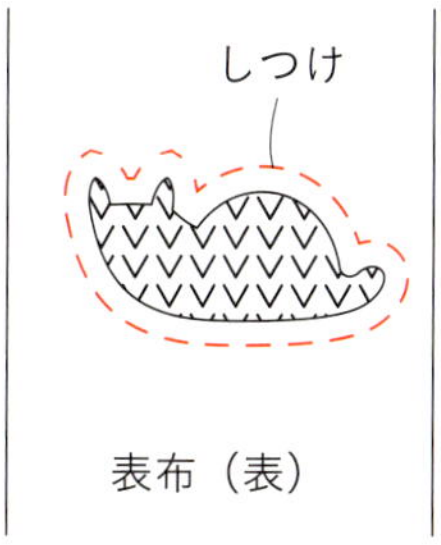

表からシルエット
のまわりに
しつけ。

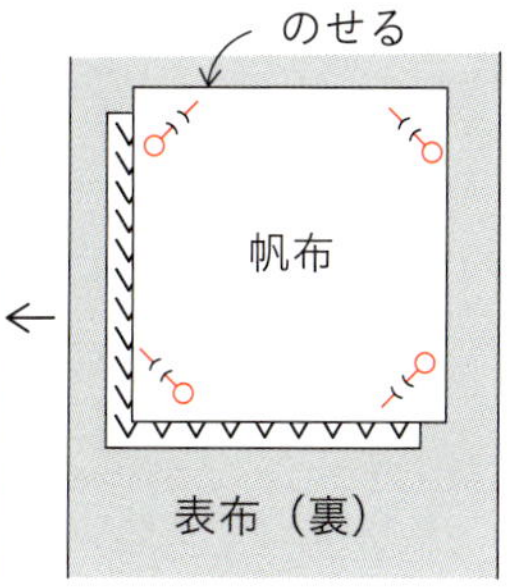

動かないように
まち針でとめる。

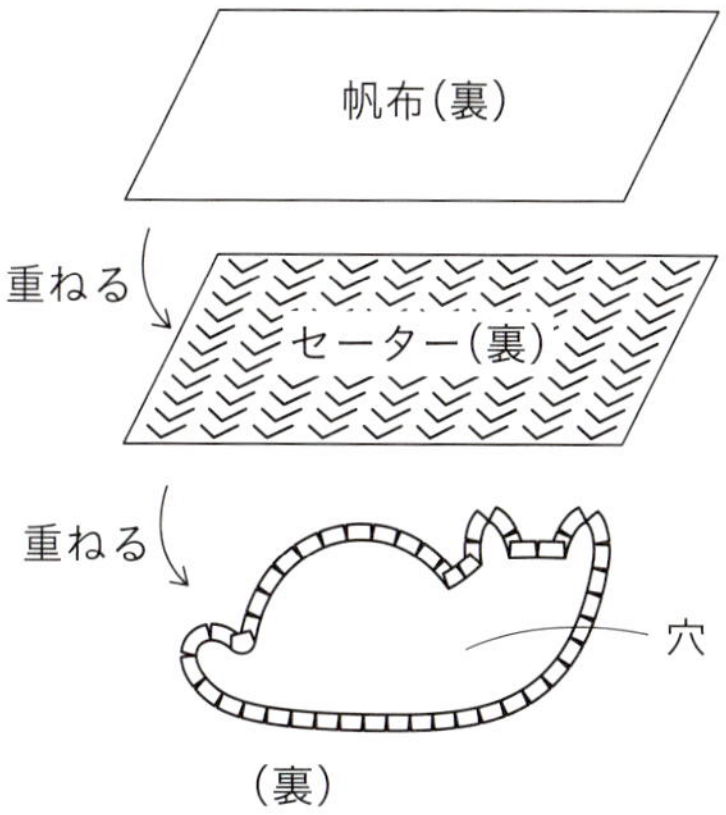

シルエットの穴にかぶる
くらいの大きさに切った
セーターと帆布を重ねる。

4. 裏布と合わせて仕立てる

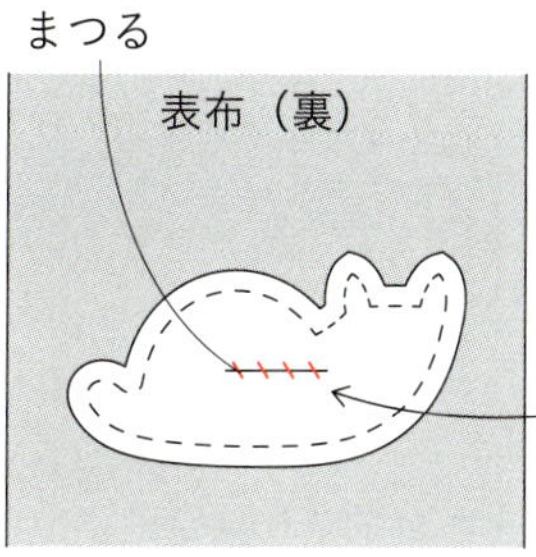

キルト芯と綿を中に詰めてから
切り込みをまつる。シルエットの
まわりに1cmのぬい代をつけて切る。

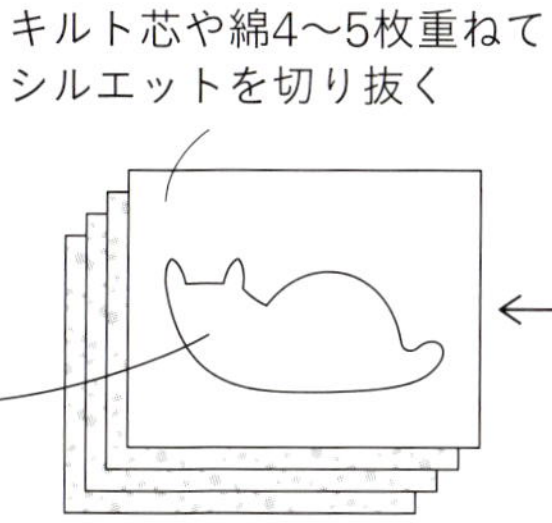

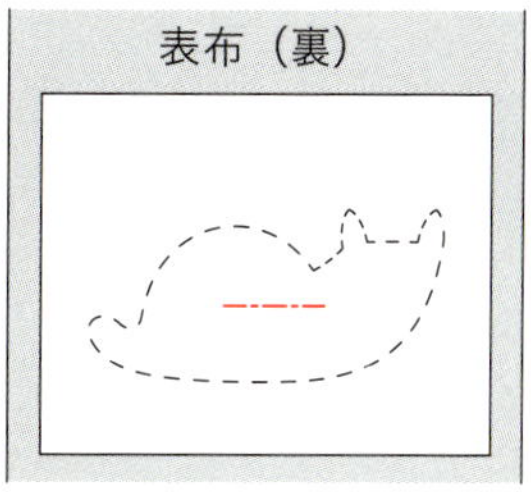

一番上の帆布だけ切り込みを入れる。
セーターを切らないように注意。

裏布と中表に重ねて
長い辺をぬう。

表に返して短い辺を
三つ折りしてぬう。

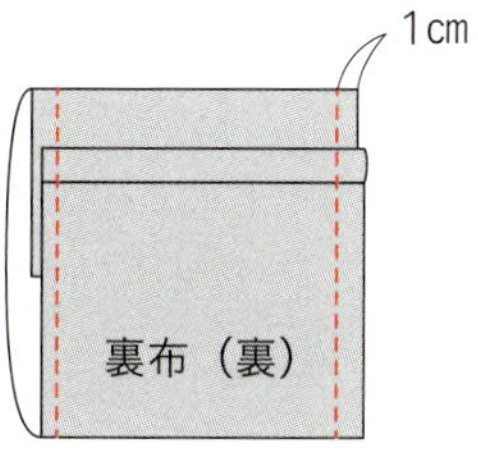

裏布が外に出るように
折って両サイドをぬい、
表に返す。

クッションを
入れて完成！

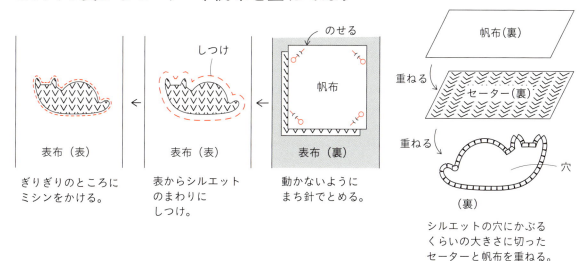

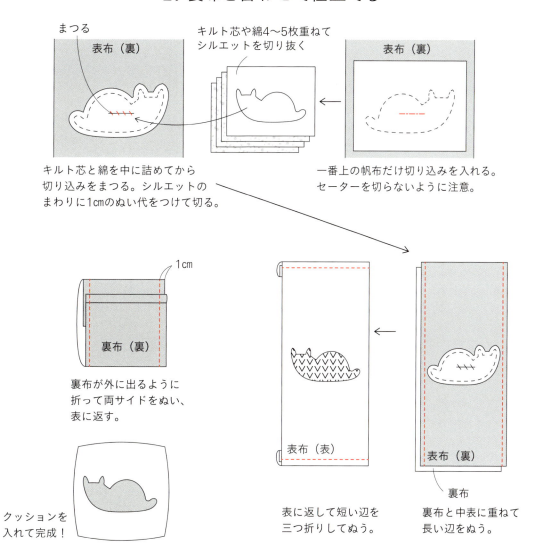

How to make

ネコのベッド

【材料】
キルト芯
Tシャツ
セーター
かご

1.

かごの底の形の型紙を用意。1㎝のぬい代をつけてTシャツを2枚切り、返し口を残してまわりをぬう。中にキルト芯などを詰めて返し口をまつりぬいでとじる。

2.

1をカゴの底へ入れる。

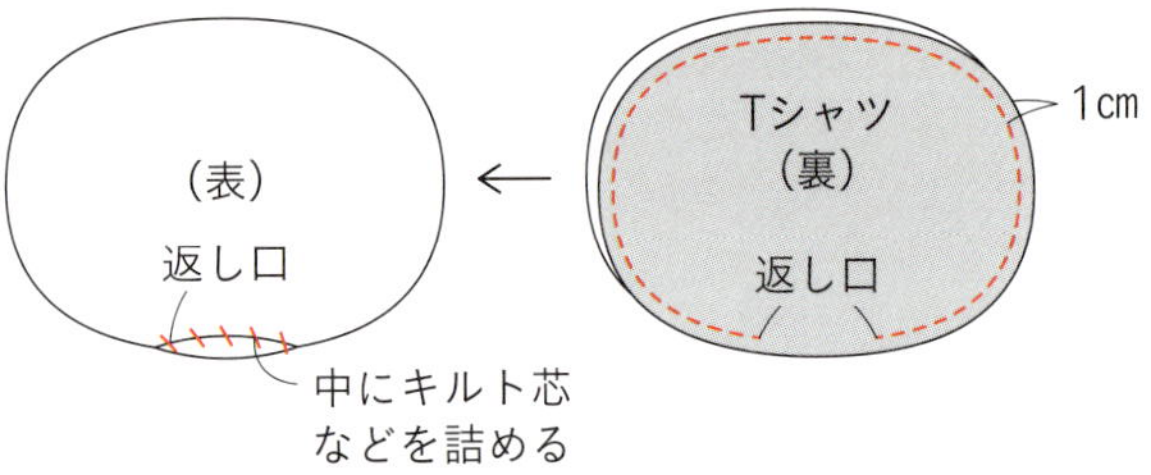

3.

カゴの内側壁面の長さをはかり、キルト芯をTシャツ生地で包みリング状にする。

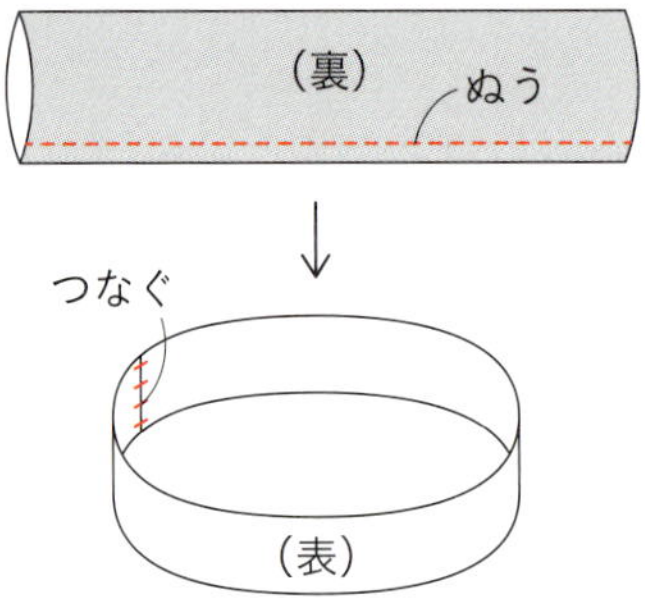

4.

3をカゴにはめる。

5.

セーターの裾から胴体の部分をかごを覆える長さ分切る。セーターの残ったところでかごの底の型紙を合わせて切る。胴体のカットしたところと底用布を中表に合わせ、まち針でとめ1㎝のぬい代でぬう。

6.

5のセーターを**4**の上に入れて、縁を包むように差し込む。

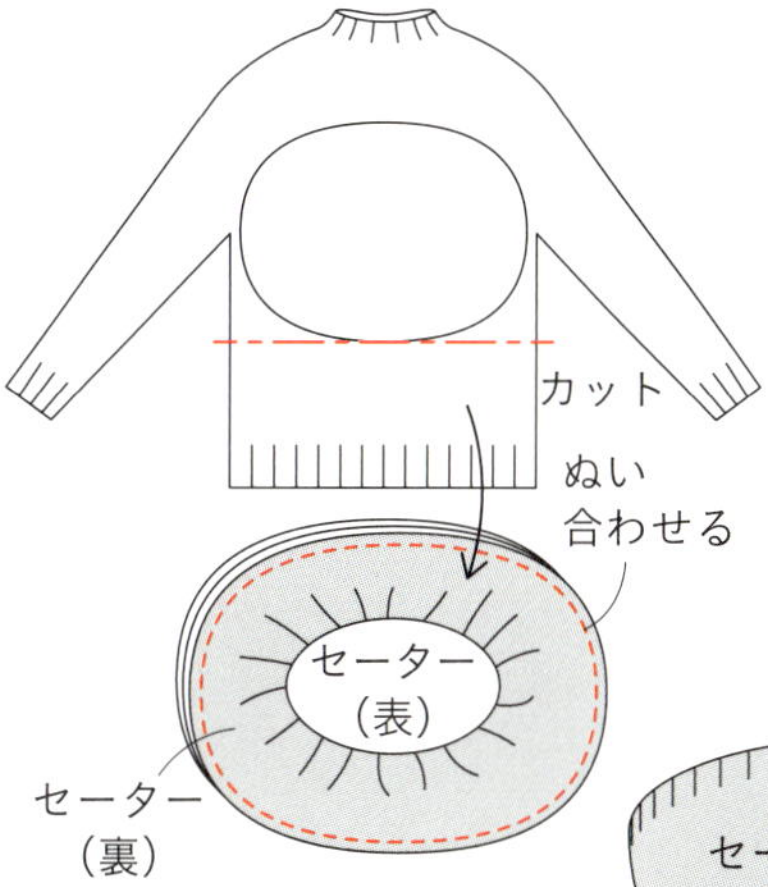

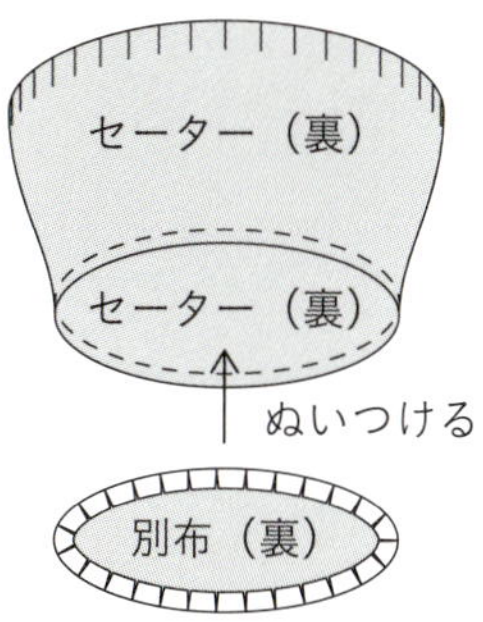

別布で底用布を用意し、ぬい代を内側に入れて底にまつりぬいする。

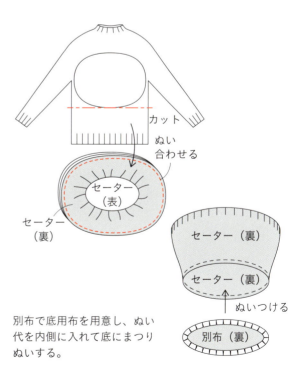

How to make p.100

エスニックバッグからスツール

だんだん使わなくなったエスニックバッグ。
底の丸い形でしたが、古着を詰めて平らに。
薪ストーブに火をつけるとき座るのに重宝しています。

How to make

エスニックバッグからスツール

【材料】
バッグ
古着
ひも

1. バッグと古着を用意する

① 使わなくなったエスニックバッグと、古着を用意する。

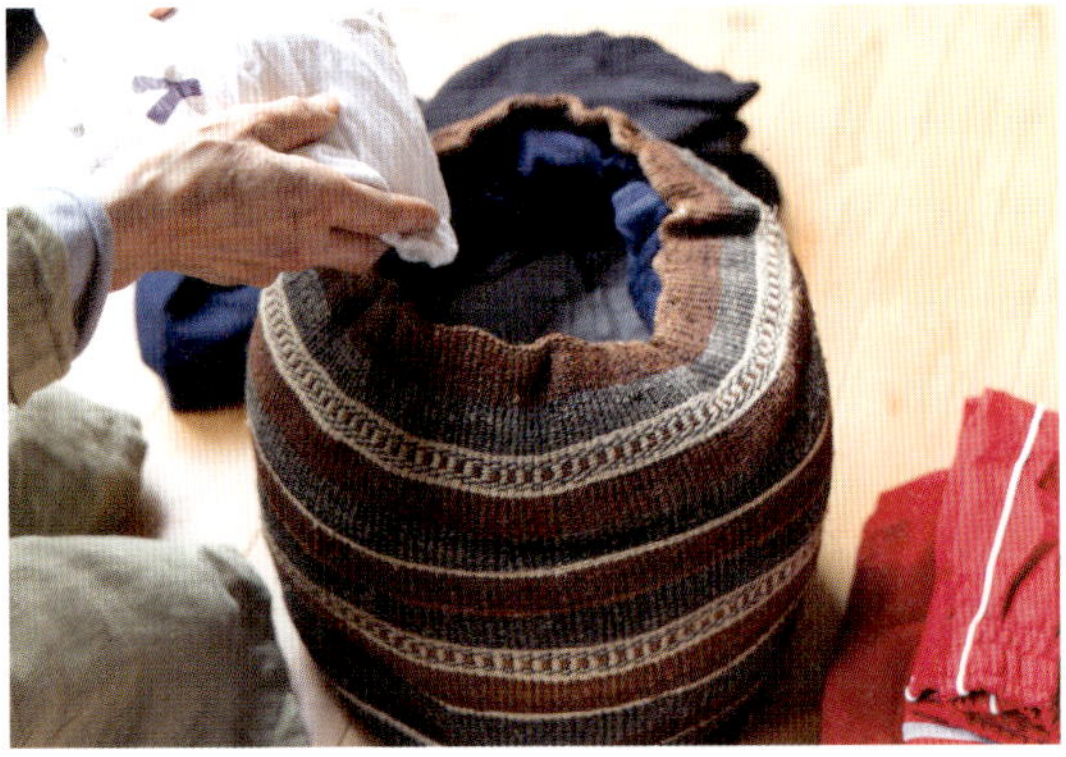

② バッグの持ち手をはずし、中に古着を詰める。

2. バッグの口をひもでとじる

① 目打ちでひもを通す穴をあける。

③ バッグの縁まで、ぱんぱんに、形を整えながら古着を詰める。

② ピンセットを使い、ひもを穴に通す。

③ ひもを渡してぎゅっと締める。

④ 渡したひもを真ん中で結ぶ。

⑤ バッグの底を上にしてスツールにする。

How to make p.103

おむすびかご

旅先の民芸店で買った竹かごは、
長年活躍し、いつしか年代物に。
あちこち竹が折れたところに、
木工用接着剤で布を貼って補修します。
縁がしっかりしてまだまだ現役に。

How to make

おむすびかご

【材料】
おむすびかご
古着物などの端切れ
木工用接着剤

1. おむすびを入れるかごを用意する

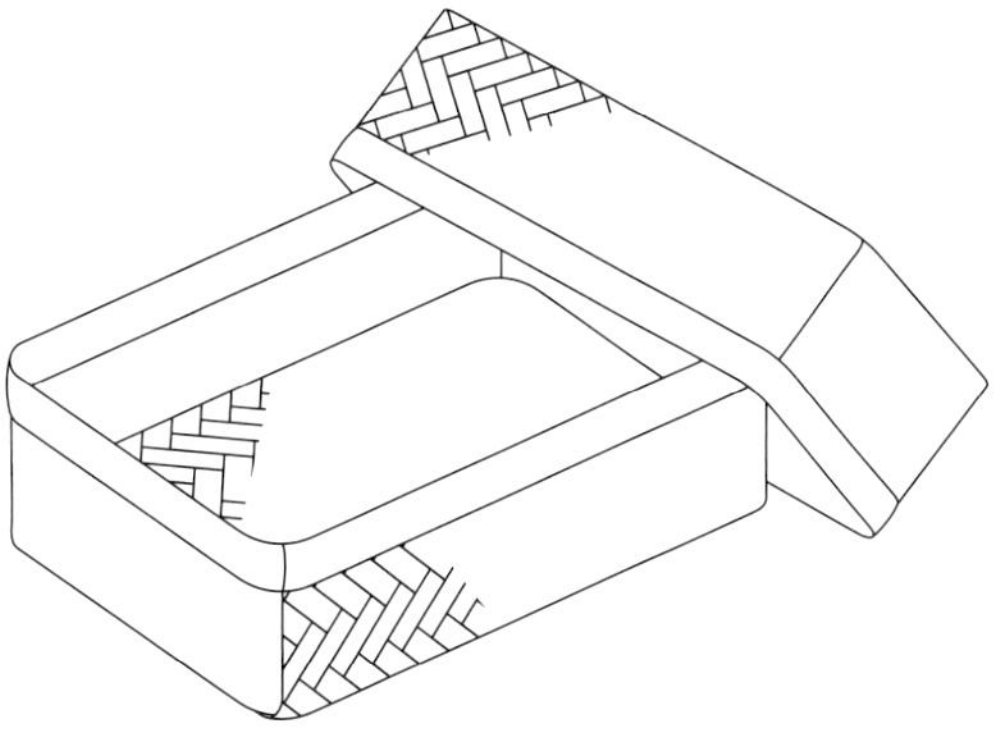

いつも使っているおむすびかごに、
ちょっとアレンジすると、
また使い心地も新鮮になる。

2. 古着物の端切れなどを四角くカット

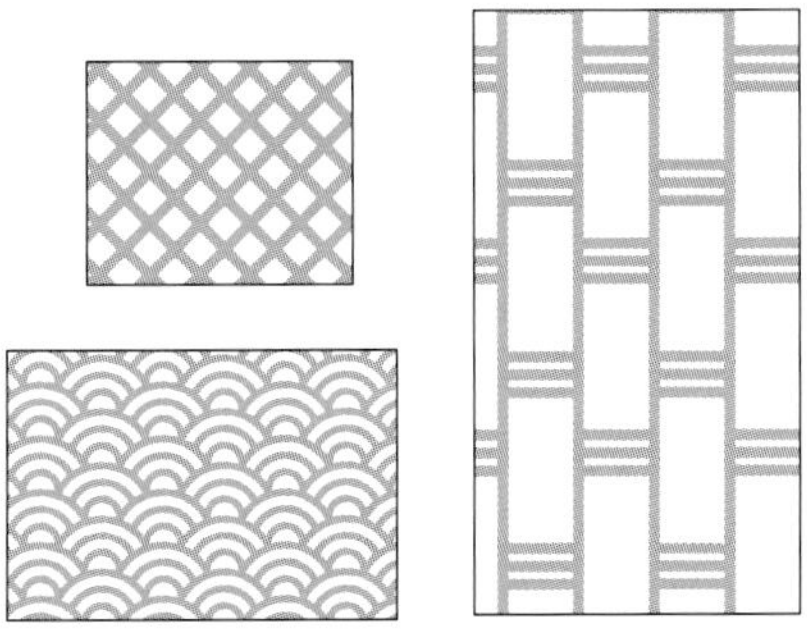

小さな端切れを四角くカットする。
大きさはまちまちでもよい。

3. かごに貼る

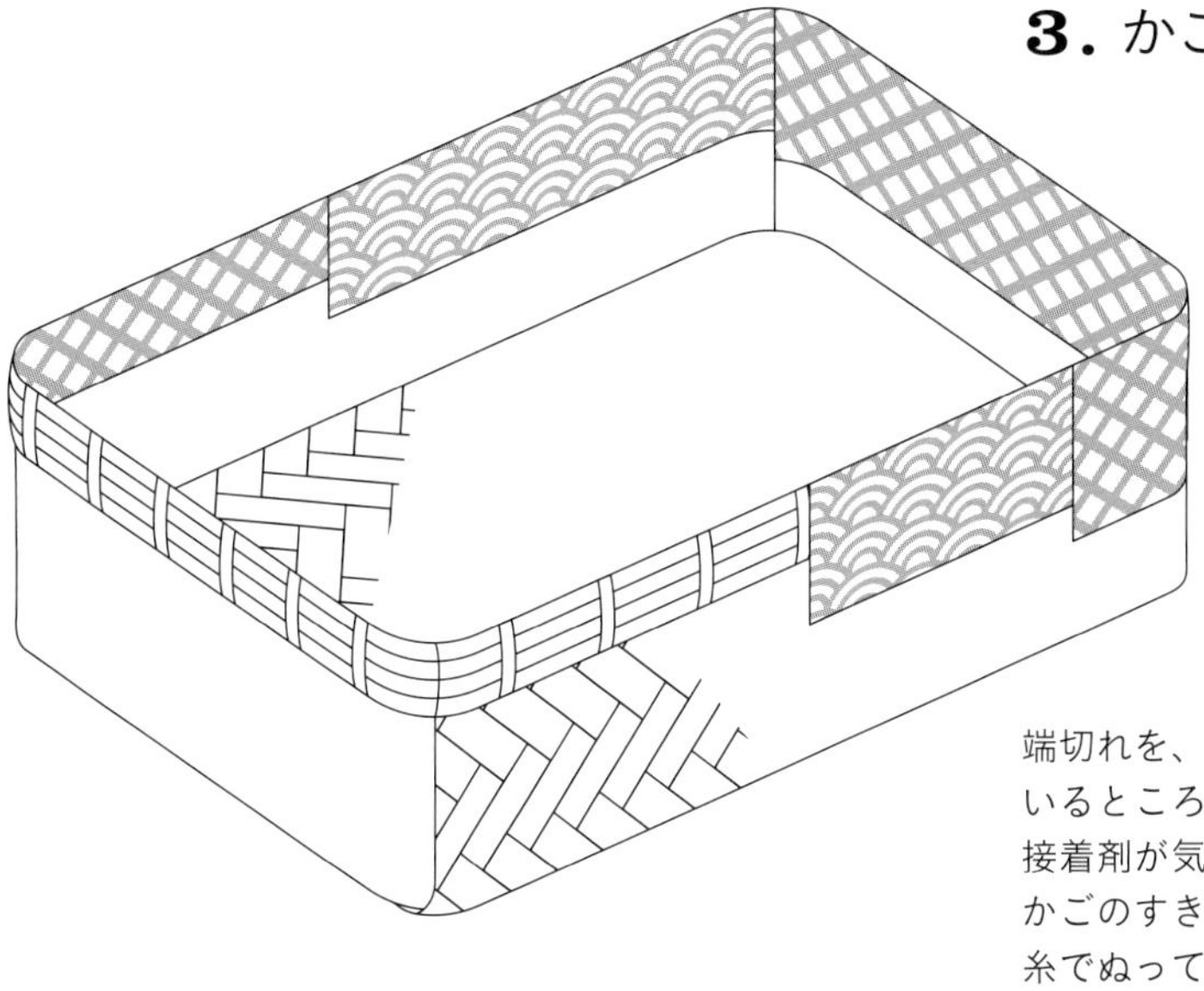

端切れを、かごの縁や傷んでいるところに木工用接着剤で貼る。
接着剤が気になる方は、かごのすき間に針を通して糸でぬってもよい。

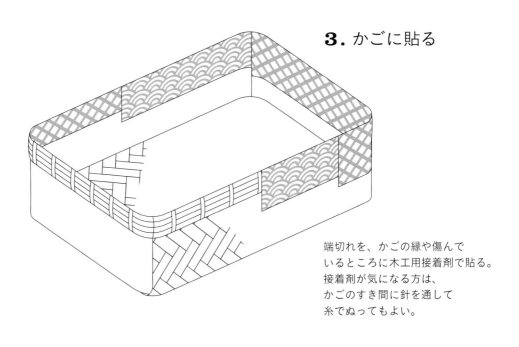

How to make p.105

モビール

かすかな風にゆらゆら揺れるモビールは、
眺めているだけで癒やされます。庭で拾った小枝に
セーターの端切れをぶら下げただけの簡単なリメイク。

How to make

モビール

【材料】
セーターの端切れ
糸
木の枝

1. 端切れを三角にカットする

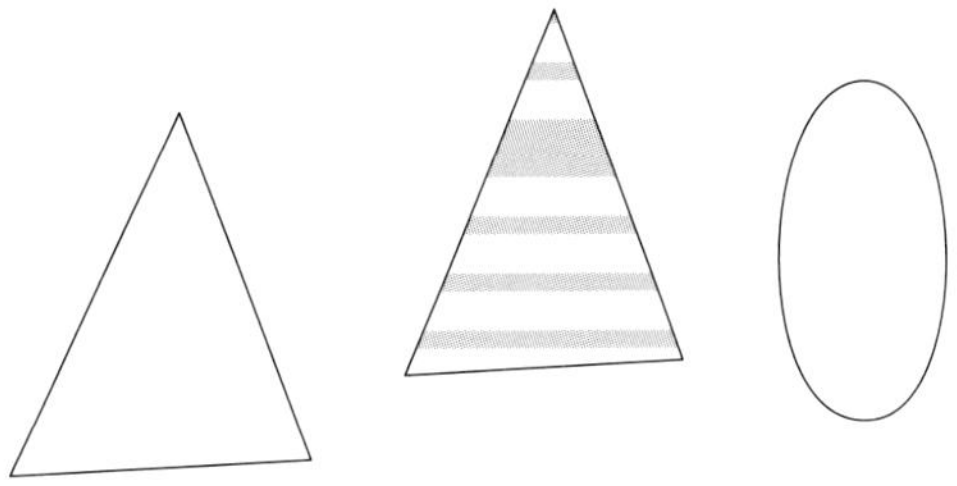

リメイクに使って余ったセーターの切れ端を、
三角形にカットする。いろんな形でOK。

2. 吊すための糸を結ぶ

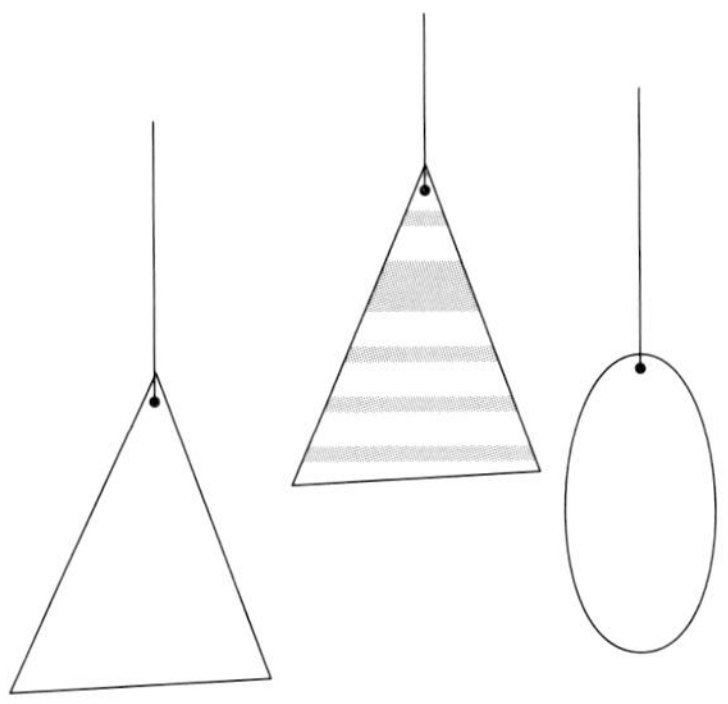

ぬい糸や毛糸などを先端に結ぶ。
糸の長いもの、短いものを作る。

3. バランスをとり吊す

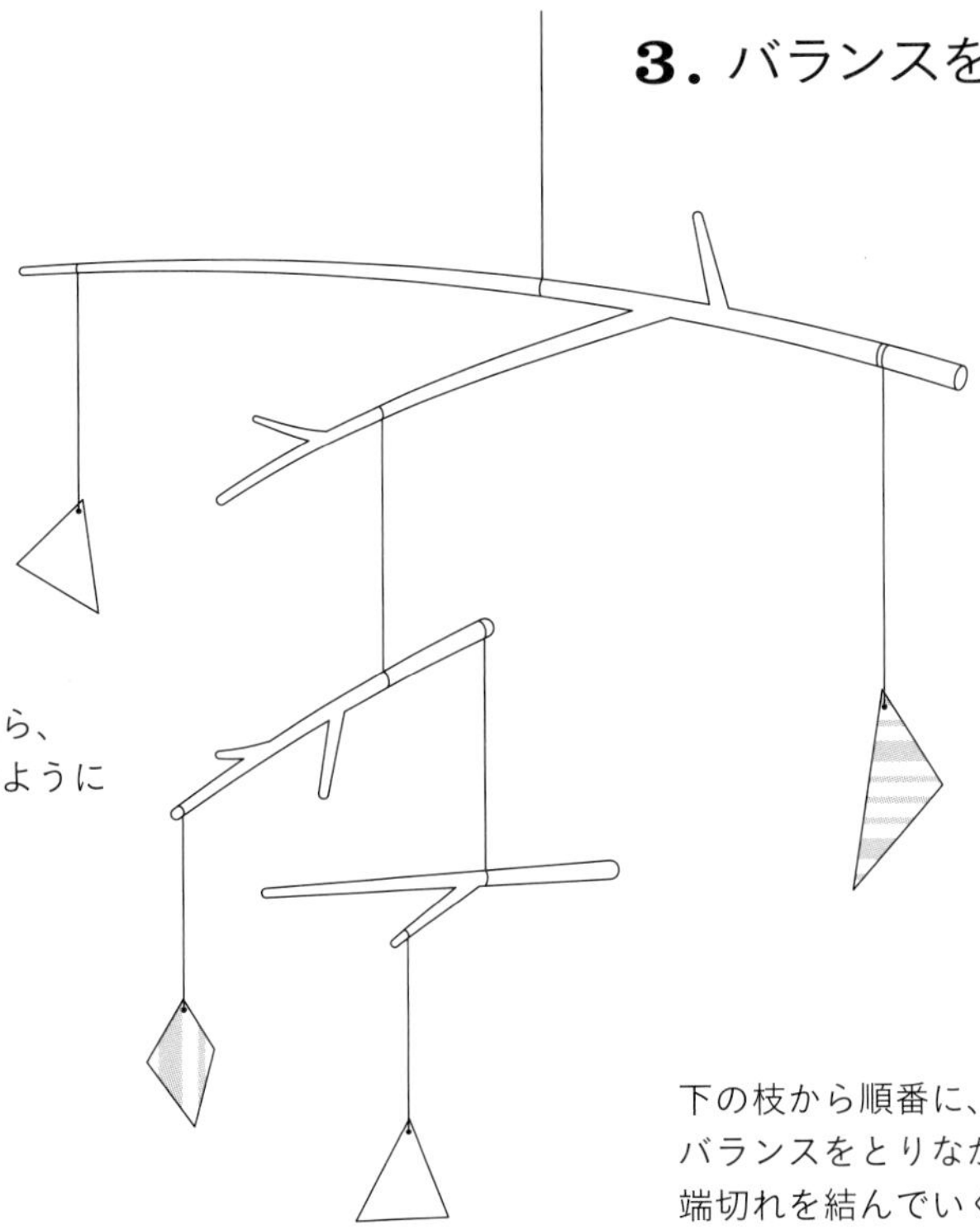

下の枝から順番に、
バランスをとりながら
端切れを結んでいく。

全体にバランスがとれたら、
結んだところがずれないように
接着剤でとめる。

デニムエプロン型紙

ぬい代1cm含む

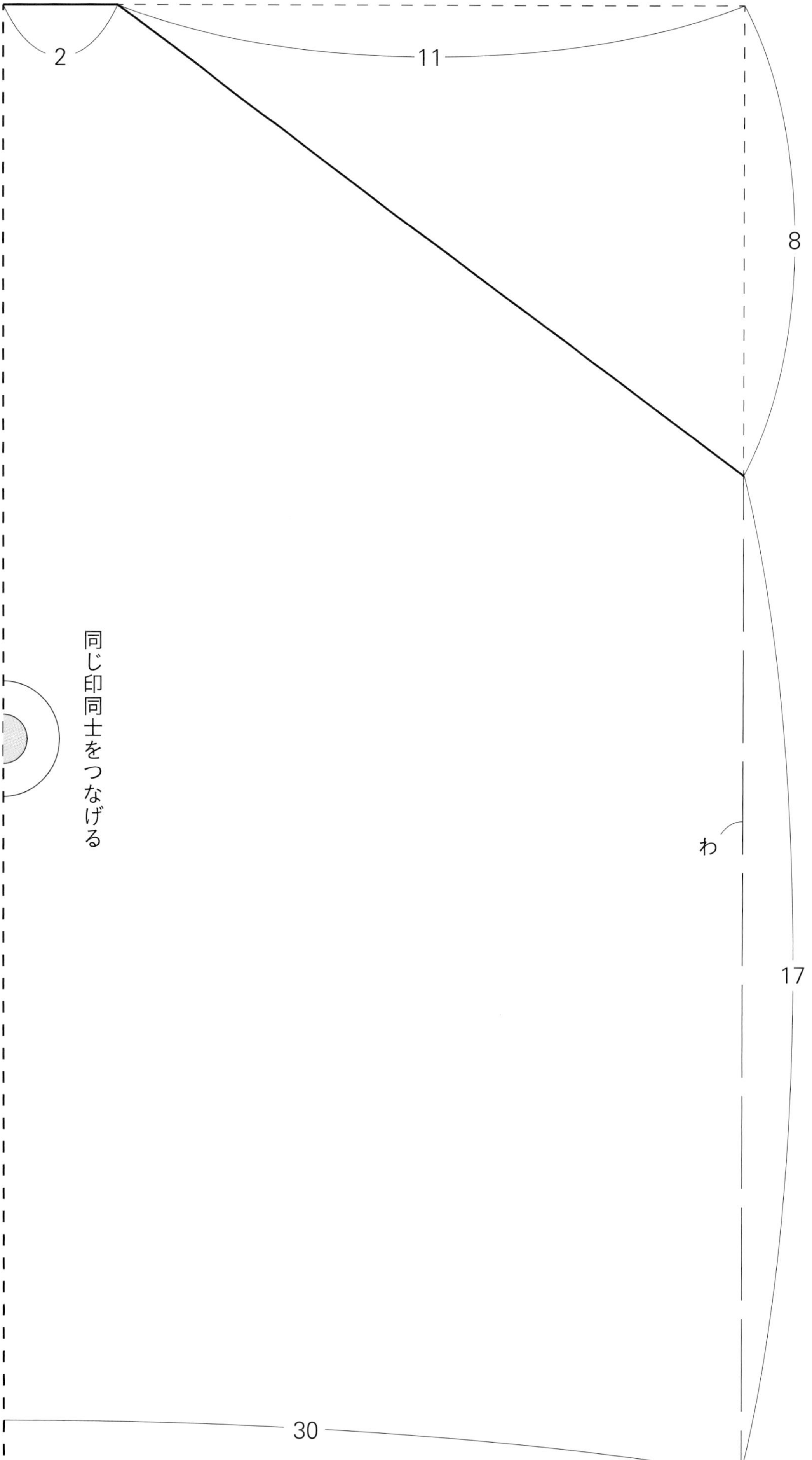

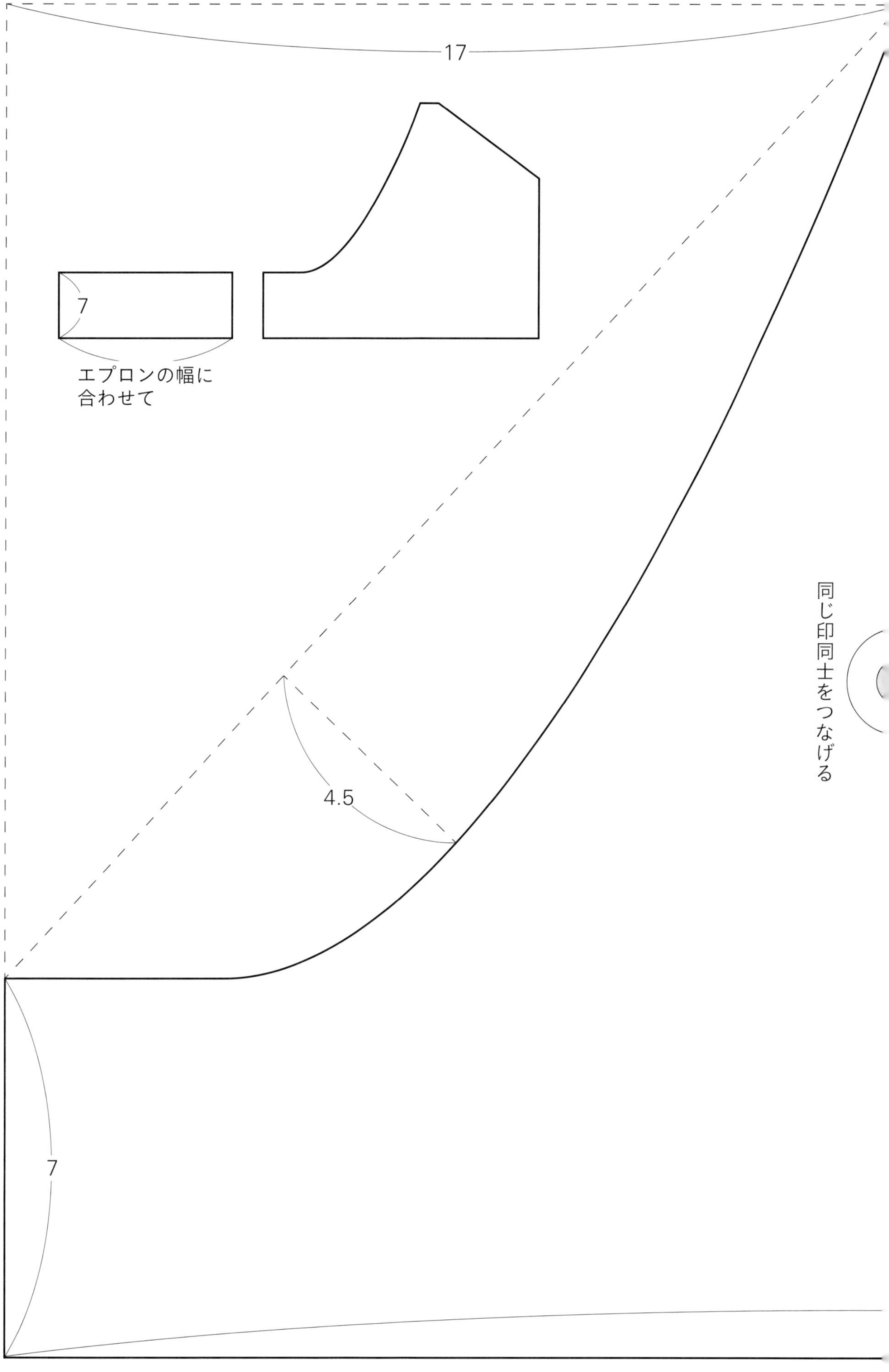
17
7
エプロンの幅に
合わせて
4.5
7
同じ印同士をつなげる

ルームシューズ

ぬい代1cm足す

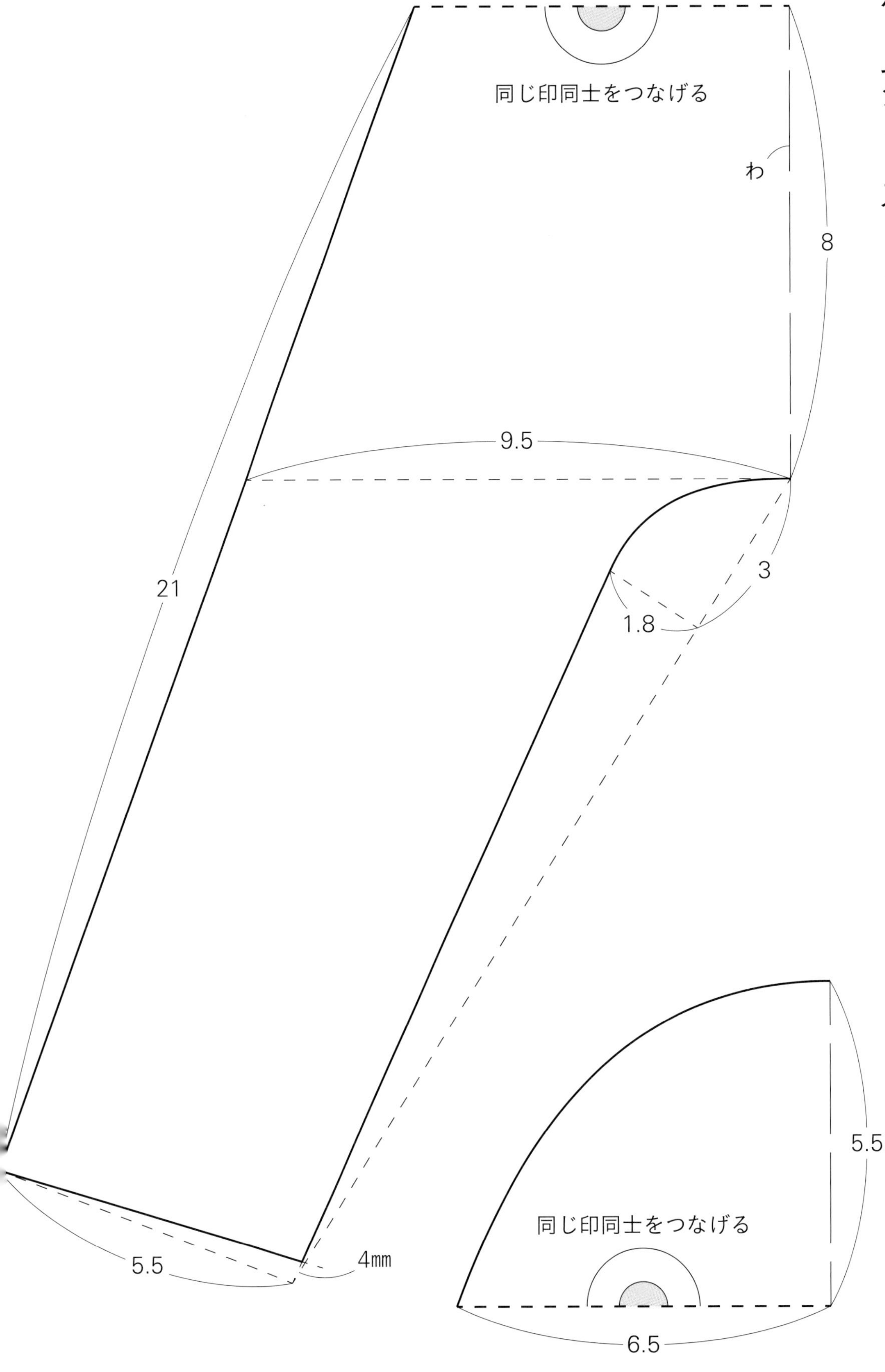

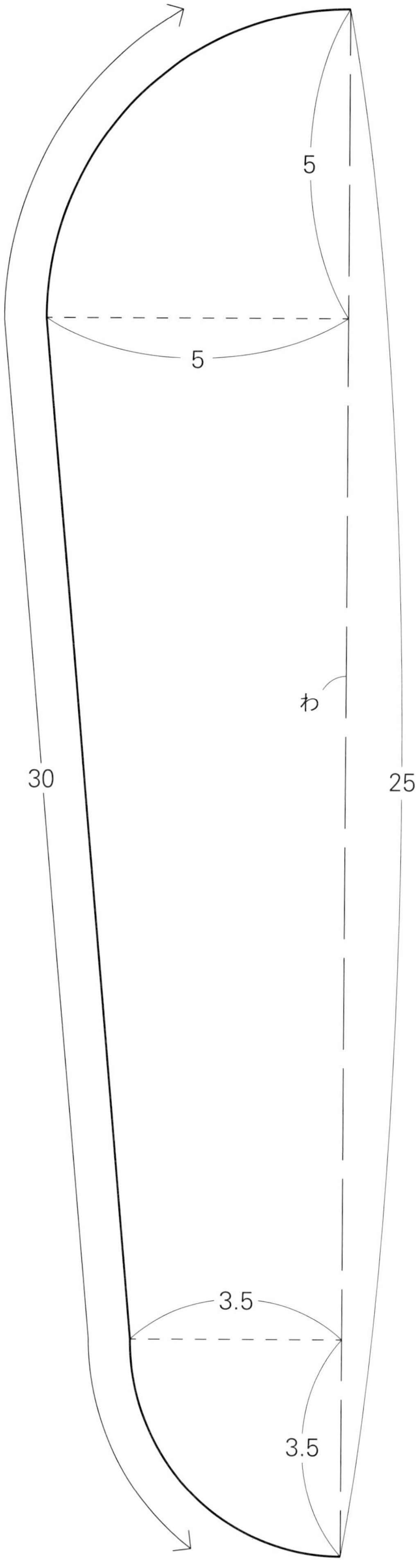
5
5
わ
30
25
3.5
3.5

Profile

つれづれリメイク日和

幼稚園の頃からかぎ針で遊びはじめ、手芸歴55年。夫と娘、犬、猫3匹と田舎暮らしをする中で、2016年よりブログ「つれづれリメイク日和」を開設。日々の暮らしを彩る手作りを発信していたが、写真と文章では説明しにくい部分も、動画のほうがわかりやすいという理由でYouTubeをはじめる。お直しやリメイクの方法を丁寧に解説した動画が話題を呼び、現在登録者数20万人（2024年11月現在）。好きなことはお繕いやリメイクで、捨てられる運命にあったものが生き返る、もっと素敵によみがえることが嬉しくて仕方ない。ものの命を最後の最後まで使い切りたいという思いで手芸をしている。

YouTube　youtube/com/@つれづれリメイク日和
ブログ　つれづれリメイク日和　alicialife.net

Staff

撮影 ―― 中島千絵美
デザイン ―― 葉田いづみ
スタイリング ―― 串尾広枝
モデル ―― 朋永
ヘアメイク ―― 高野智子
構成・文 ―― 大野雅代
イラスト・型紙・ＤＴＰ ―― ウエイド手芸制作部
校正 ―― 鈴木初江
編集 ―― 川上隆子（ワニブックス）

◎衣裳協力
CLOLI
ORDINARY FITS
問い合わせ先：ともに yard (tel.06-6136-5225)

古きよき服がよみがえる お繕《つくろ》いの暮らし

つれづれリメイク日和　著

２０２４年12月26日　初版発行

発行者　髙橋明男
発行所　株式会社ワニブックス
〒１５０-８４８２
東京都渋谷区恵比寿４-４-９ えびす大黒ビル
ワニブックスＨＰ　http://www.wani.co.jp/
お問い合わせはメールで受け付けております。
ＨＰより「お問い合わせ」へお進みください。
※内容によりましてはお答えできない場合がございます。

印刷所　株式会社美松堂
製本所　ナショナル製本

ISBN978-4-8470-7519-3